영혼과
정치와
윤리와
좋은 삶

영혼과 정치와 윤리와 좋은 삶: 플라톤의 『국가』에 대한 14편의 에세이

**발행일** 초판1쇄 2020년 3월 25일 | **지은이** 박연옥
**펴낸곳** 북드라망 | **펴낸이** 김현경 | **주소** 서울시 종로구 사직로8길 24 1221호(내수동, 경희궁의아침 2단지) |
**전화** 02-739-9918 | **팩스** 070-4850-8883 | **이메일** bookdramang@gmail.com

ISBN 979-11-90351-14-0 03110 | 이 도서의 국립중앙도서관 출판예정도서목록(CIP)은 서지정보유통지
원시스템 홈페이지(http://seoji.nl.go.kr)와 국가자료종합목록 구축시스템(http://kolis-net.nl.go.kr)에서 이
용하실 수 있습니다.(CIP제어번호: CIP2020009524) | Copyright © 박연옥 저작권자와의 협의에 따라
인지는 생략했습니다. 이 책은 저작권자와 북드라망의 독점계약에 의해 출간되었으므로 무단전재와 무단
복제를 금합니다. 잘못 만들어진 책은 서점에서 바꿔 드립니다.

책으로 여는 지혜의 인드라망, 북드라망 www.bookdramang.com

# 영혼과 정치와 윤리와 좋은 삶

플라톤의 『국가』에 대한 14편의 에세이

박연옥 지음

티
BookDramang
북드라망

**머리말** '와/과'로 연결되는 세계, 플라톤과 이어달리기를

'플라톤이 돌아왔다'는 이름으로 문탁네트워크 웹진에서 1년 반 동안 연재했던 글을 책으로 내면서 '영혼과 정치와 윤리와 좋은 삶'이라는 제목을 붙였다. 나는 손에 손을 꽉 잡은 듯이 다정해 보이는 '와/과'가 마음에 든다. 나를 '와/과'로 표현해 본다면 다음과 같다. '문학 전공자와 문탁네트워크 회원과 애주가와 친구 1,024명이 있는 페이스북 이용자.'

　문학 전공자인 내가 플라톤과 만나게 된 것도 마을인문학공동체 문탁네트워크(이하 '문탁')와 연결되었기 때문이다. 내가 문탁의 문턱을 드나든 지도 십 년이 되었다. '마을' '인문학' '공동체'라는 세 키워드가 낯설었지만, 대학 혹은 문학이라는 울타리 너머 세상이 궁금해서 문탁을 들락거렸다. 전공이라는 틀에서 벗

어나자 새로운 읽을거리들이 넘쳤다. 리처드 도킨스와 스티븐 제이 굴드의 진화론 논쟁을 고등학교 과학교사와 IT업계 전문가, 그리고 약사로 대표되는 '이과생'들과 함께 읽었다. 음으로 양으로 이과 전공자들의 도움을 많이 받았다. 군 입대를 앞둔 청년에게 스마트폰 알뜰히 사는 법도 배웠고, 살림 고수들에게 요리비법도 전수받았다. 학교 밖에서 펼쳐지는 공부는 버라이어티했다.

총선과 대선이 연달아 일어났던 어느 해, 문탁에서는 '정치란 무엇인가?'라는 질문이 쏟아졌다. 이때 정치철학세미나팀이 만들어져 홉스와 루소와 베버의 책들을 읽었다. 다 읽고 나서도 '도대체 정치가 뭐지?'라는 궁금증이 해소되지 않았다. 그래서 우리는 좀 더 시간을 거슬러 올라가 마키아벨리와 플라톤에 이르렀다.

그런데 플라톤은 그 자체가 무수한 연결로 이루어진 세계였다. 고대 그리스와 만나게 되면서 공부의 시간 관념이 달라졌다. '일 년 빡세게 공부해서 마스터하자!'는 야심찬 결심 따위는 내려놓았다. 고대 그리스는 그렇게 덤빈다고 성큼 다가오는 세계가 아니었다. 또 천천히 하나씩 알아 가는 재미도 쏠쏠했다. 수학여행 삼아 친구들과 그리스도 다녀왔다. 일몰이 아름답다는 포세이돈 신전 아래에서 여행기를 책으로 만들자고 의기투합했는데, 이 책의 출간으로 그날의 약속이 반쯤은 이루어진 것 같아 기쁘다.

도서관이나 지자체에서 운영하는 인문학강좌에서 서양 고전에 대한 관심이 꾸준해서, 나에게 몇 번의 강의 기회가 주어졌다. 종로도서관, 춘천시립청소년도서관, 상현도서관, 군포시 평생학습원, 하남문화재단 등에서 열린 강좌에서 나는 강의라기보다는 대화를 나눴다. 그리스의 신들은 왜 제멋대로인가, 플라톤은 왜 이렇게 어렵게 말을 하는가, 그리스 비극과 막장 드라마는 무엇이 다른가 등등. 단순해 보이지만 핵심을 건드리는 질문들이 이어졌다. 이 솔직한 질문들을 마주하고 갑론을박했던 순간들이, 나에게는 인상적이었다. 먹고사는 일에 치여 눈코 뜰 새 없이 바쁜 사람들이 잠깐이라도 함께 이야기를 나누었다는 것이, 2,500년 전의 소크라테스와 플라톤을 생각했다는 것이, 그 생각에 비추어 자신을 돌아보는 시간을 가졌다는 사실이 묘한 감동을 주었다.

나의 생각과 생활에 대해 이웃과 함께 대화하기, 이것을 가능하게 하는 정치와 교육에 대한 모색이, 내가 생각하는 『국가』의 주제의식이다. 이것이 어떻게 가능할 수 있을까? 오늘날과 같이 철학과 정치와 교육을 분리해서 생각해서는 해법을 찾을 수 없다. 개인을 철학적 소양을 갖춘 시민으로 기를 수 있는 정치와 교육이 동반되어야 하고, 그런 시민들이 존재할 때 정치와 교육도 제도로서 자리 잡을 수 있다. 철학과 정치와 교육이 함께 가지 않으면 엇박자가 나는데, 현실적으로 이 셋이 함께 가는 일은 '이인삼각경기'처럼 어렵다. 이것이 플라톤이 풀어 보려고 애썼던 철학적 '난제'(難題, aporia)이다.

그러고 보면 나의 공부는 질문과 난제로 이어져 왔다. 정치에서 출발했지만 플라톤과 고대 그리스를 경유하며 철학과 윤리학으로 문제의식이 옮겨 갔다. 바통을 쥐고 이어달리기를 하고 있는 것 같다. 출발할 때는 예상하지 못했던 지점에 와 있지만 나쁘지는 않다. 오히려 약간 설레고 기대되는 마음이 있다. 다음에는 어디로 가게 될까?

『국가』라는 한 권의 책 안에도 많은 이질적인 국면들이 포함되어 있다. 플라톤의 난제와 그것을 해결하기 위해 그가 고안한 새로운 개념들을 보고 있으면, 지금 여기에서 벌어지고 있는 일들과 함께 이야기하고 싶은 욕망이 꿈틀거린다. 좋음의 이데아와 라디오프로그램 〈세상의 모든 음악〉을 연결 지어 보고, 영혼 불멸설을 영화 〈뷰티 인사이드〉와 나란히 놓아 보면, 플라톤의 문제든 우리의 문제든 해결의 기미가 보이는 것 같아 기분이 좋았다. 물론 해결은 쉽지 않다. 그러나 해결하기 어려운 난제를 풀기 위해 이리저리 생각을 뒤적거리는 시간은, 우리를 조금은 '윤리적인 사람'으로 만들어 준다. 문제를 해결하기 위해 노력하는 일, 노력을 멈추지 않는 일이, 우리에게는 기회로 남아 있다. 우리의 이어달리기가 어디에 도착하게 될지는 누구도 예단할 수 없다.

'뻔한' 소리처럼 들리기 쉬운 이런 말들이 '뻔하지 않게' 전달되었으면 하는 바람이지만, 이 책에는 부족한 부분이 많다. 그나마 책으로서 꼴을 갖추게 된 것은, 빨간 펜으로 밑줄을 그어 가며 성실히 감상평을 남겨 준 조예령 학생과 보완해야 할 점들을 꼼꼼히 짚어 준 김현경 편집자 덕분이다. 두 사람에게 감사의 마음을 전한다. 두 사람을 비롯해서 십 년간 동고동락한 문탁 친구들, 초고를 읽어 준 딸들, 플라톤의 저작을 꾸준히 번역해 주시는 천병희/박종현/정암학당 선생님들 덕분에 한 권의 책이 만들어질 수 있었다. 많은 사람들의 손길을 거친 이 책은 누군가에게 건네는 나의 악수다. 『영혼과 정치와 윤리와 좋은 삶』이 누군가에게 즐거운 연결이 되기를 기대해 본다.

2020년 2월 16일

박연옥

**차례**

머리말 5

 **1. 프롤로그 ─ 아포리아, 생각할 준비가 되었나요?  14**

천재 소녀의 OMR카드를 공유하라, 영화 〈배드 지니어스〉 15

아포리아(aporia), 생각이 시작되는 순간 18

책 밖으로 나온 소크라테스와 플라톤의 분신들 22

**2. 동굴의 비유와 이상한 나라의 헌책방  26**

홍대에서 발견한 '동굴의 비유' 27

동굴 속 아테네, 플라톤 철학의 출발점 29

아테네의 전성기는 소송의 시대 32

동굴 밖 '이상한 나라의 헌책방' 35

**3. 『국가』 1권 정의란 무엇인가 ─ 교통사고 목격자를 찾습니다  40**

현수막을 걸다, "목격자를 찾습니다" 41

배틀 1라운드, 정의는 각자에게 각자의 것을 갖는 것 44

배틀 2라운드, 정의는 강자에게 유익한 것 47

칼리클레스, 철학에 대한 조롱 50

**4. 『국가』 2권 누가 진정 행복한 사람인가 — "어떻게 불의가 이익이 되니?"** 54

흑기사 형제의 질문, 누가 진정 행복한 자인가 55

기게스의 반지 이야기 58

유튜브, 빨간 박스에 담긴 기게스의 반지 61

내 영혼의 '케르베로스' 길들이기 63


**5. 『국가』 3권 국가와 개인 — 플라톤의 계급론에 분노하기 전에** 66

철학은 디테일의 차이다 67

세 가지 나라 — 돼지들의 나라, 부은 나라, 그리고 이상국가 68

신화가 필요한 플라톤의 계급론 73

계급 없는 사회의 차별과 배제, 플라톤에게 분노하기 전에 76


**6. 『국가』 4권 정치와 함께 윤리를 — 영혼을 돌보는 정치** 80

플라톤의 플레이리스트 NO.1, 트와이스의 〈YES or YES〉 81

소울(SOUL) 충만한 이상국가, 생산자들의 '영혼의 돌봄' 85

부와 빈곤, 위험한 공존 86

지나치지 말라, 〈SKY캐슬〉과 『사당동 더하기 25』 89

**7.** 『국가』 5권 미투(me too) 없는 이상국가 ── 동굴과 벽장, 정상과 평범의 프레임을 넘어 94

‘여가여배’, 여자가 가르치고 여자가 배운다 95

플라톤은 페미니스트일까? 98

독사(doxa)와 대결하는 플라톤과 페미니스트, 벽장을 나오다 101

**8.** 『국가』 6권 좋음의 이데아 ── 세상의 모든 음악을 듣는 시간 106

해가 질 무렵의 라디오, 세상의 모든 음악 107

그것이 알고 싶다, 좋음의 이데아 109

앎과 삶, 사람들은 모두 좋은 것을 추구한다 112

플라톤의 작업실과 연장들 115

**9.** 『국가』 7권 시(詩) ── 날마다 새로워지는 오래된 노래 118

철인왕 사관학교의 커리큘럼 119

플라톤의 역습, 호메로스식 교육을 멈춰라 122

젊은 시인들의 역습, 책 밖으로 나온 시들 126

**10.** 『국가』 8권 부채와 불평등 ── 『출구 없는 사회』의 EXIT 132

은유로서의 질병, 폐소공포증 133

출구 없는 사회, ‘악의 진보’가 이룬 정점 137

EXIT, 화살표를 따라 가세요 141

**11.** 『국가』 9권 폭군에게 없는 세 가지 ─ 소설 『안녕 주정뱅이』와 음주의 윤리학 146

음주의 법칙, 쉽게 끝나지 않는다 147

폭군의 제로섬게임 vs 얼리버드 연합 149

'참이슬 빨간 뚜껑'의 윤리학 153

**12.** 『국가』 10권 영혼 불멸과 영혼 돌봄 ─ 마지막은 BTS의 '정의론'으로 158

영혼, '뷰티 인사이드'(beauty inside) 159

똑같은 사랑을 해도 괜찮아(?), 〈이터널 선샤인〉 또는 에르 전설 162

누가 마지막에 웃게 될까, 정의 vs 불의 166

**13.** 『국가』의 별책부록 ─ 플라톤에게서 온 편지, 『편지들』 172

플라톤의 타임캡슐, 일곱째 편지 173

두 번의 여행, 불안과 의심 사이 176

『국가』와 함께 일곱째 편지를, 일상생활의 철학 180

**14.** 에필로그 ─ 너 자신을 알라, 우리는 모두 알키비아데스이다 184

'너 자신을 알라', 델피 신전의 가르침 185

인간의 본성에 대하여, 자기 인식과 자기배려 189

연극 〈맨 끝줄 소년〉, 또 다른 소크라테스와 알키비아데스 192

〈배드 지니어스〉에서 〈맨 끝줄 소년〉까지 194

함께 읽으면 좋은 책들 198

# I

## 프롤로그
— 아포리아, 생각할 준비가 되었나요?

## 천재 소녀의 OMR카드를 공유하라, 영화 <배드 지니어스>

약속 시간에 쫓겨 지하철을 타러 가고 있다고 생각해 보자. 교통카드를 찍자마자 전력질주로 계단을 내려가지만 전동차의 문은 곧 닫히려 한다. 탈 수 있을 것인가, 못 탈 것인가? 미쳐 버릴 것 같은 '0,0000…1초'의 짜릿함을 누구나 한 번쯤은 경험했을 것이다. 약속에 늦는다는 메시지를 보내기 위해 휴대폰을 꺼냈는데, 배터리는 간당간당하고 신호가 잡히지 않아 머릿속이 하얗게 '번 아웃'(burn-out)되는 불안감과 초조함 또한 누구나 한 번쯤은 경험해 봤을 것이다.

이런 건 어떨까? 지우개로 커닝페이퍼를 만들어 고사장에 들어갔을 때 빠른 비트로 쿵쾅거리는 심장의 박동수. 부정행위를 할 것인가 말 것인가 결정해야 하는 순간의 긴장감. 생각만으로도 식은땀이 흐른다.

2017년 11월에 개봉한 태국 영화 <배드 지니어스>(Bad Genius, 나타우트 폰피리야 감독)는 보는 내내 심장이 쫄깃해지고, 손에 땀을 쥐게 한다. 시험 감독관의 매의 눈을 피해 지하철역으로 도망치고, 도주 중 휴대폰으로 정답을 전송하고, 부정행위의 증거물인 휴대폰을 신속히 처리하는 여고생 린의 고군분투는 긴장감 면에서 은행을 털고 달아나는 갱단의 난동에 전혀 밀리지 않는다. 〈배드 지니어스〉는 속이고 훔치고 달아나는 케이퍼 무비(Caper movie)의 공식을 잘 따르고 있는 범죄 영화다. 장르 영화의 관습적 표현인 총격전과 피비린내 나는 죽음이 등장하지 않고, 이들이 불법적으로 유통시키려는 것이 시험 답안지라는 점에서 '귀여운' 범죄 영화라고 할 수 있다. 하지만 이들이 시차를 이용하여 훔치려는 것이 미국 대학입학자격시험 답안지라고 한다면, 이들의 일탈은 가볍지만은 않은 글로벌 사기극이 된다.

한국에서 〈배드 지니어스〉가 개봉되었을 때는 2018학년도 수학능력시험을 앞둔 시점이었다. 예정대로 시험이 치러졌다면 수험생들 사이에 입소문이 돌아 '수능특수'를 봤을 수도 있는데, 전대미문의 수능시험 연기사태(지진이 일어났다!)로 영화는 주목받지 못했다. 〈배드 지니어스〉의 국내 흥행성적은 그리 좋은 편이 아니다. 태국 영화라는 생소함은 한국의 관객들이 티켓을 끊게 하기 쉽지 않았다. 언제부턴가 소비생활에 있어 철칙이 된 '가성비'(가격 대비 성능의 비율)를 따져 보았을 때, 정보가 희박한 태국 영화를 본다는 것은 시간과 돈을 낭비할 수 있는 '리스크'가 큰 선택일 수 있기 때문이다. 그러나 리스크의 부담을 안고 〈배드 지니어스〉를 본 사람들 가운데 누군가는 분명 '티켓값이 아깝지 않은 영화였다'라는 촌평을 남겼으리라 확신한다. 〈배드 지니어스〉는 가성비 좋은 영화다. 그리고 〈배드 지니어스〉는 바로 가성비에 대한 영화이기도 한다. 영화는 '인생의 가성비'에 대해 질문하고 있다.

글로벌 입시부정 사건의 공범들——린, 뱅크, 그레이스, 팟은 방콕 엘리트 사립고등학교의 동급생들이다. 린의 지우개 부정행위는 절친 그레이스가 연극공연을 하기 위해 필요한 학점 3.5를 만들어 주기 위해서였다. 우정으로 시작된 부정행위는 과목당 3천 밧(한화로 10만 원)을 받는 고액 아르바이트로, 급기야 국제적인 규모의 입시비즈니스로 진화한다.

린은 모범생 뱅크를 자신의 사업파트너로 영입하기 위해 다음과 같은 말로 설득한다. "먼저 속이지 않으면 당하고 마는 게 인생이야!" 아버지가 교사인 린은 이런 독한 말을 내뱉을 만큼 가난하지 않다. 린의 일탈행위는 돈보다도 다른 이유 때문이다. 우연히 학교가 학부모들에게 뒷돈을 받고 있다는 사실을 알게 된 린은 학교의 공정성을 의심하게 되었고, 학교가 뒷돈을 받아 챙기듯 자신도 '고액 알바'를 할 수 있다는 정당성을 가지게 된 것이다.

린보다 더 많이 세상을 산 사람들은 학교뿐 아니라 공정성을 기준으로 내세운 기업, 사회, 법, 국가의 모든 시스템이 '공정하지' 않다는 것을 이해한다. 그러나 그렇기 때문에 린처럼 공정하지 못한 사기극으로 이득을 취하는 것이 아무 문제없다고 생각하지도 않는다. 린과 친구들의 사기극으로 누군가에게는 불이익이 돌아가고, 불공정한 게이머들이 늘어나는 악순환이 반복된다. 공정성이 훼손된 시스템 속에서 그 공백을 들여다본 린과 뱅크에게 우리는 어떤 가이드라인을 제시해 줄 수 있을까? 원칙을 지키며 노력해서 살라고? 혹은 기회가 된다면 속임수를 써서라도 빨리 이익을 챙기라고? 기회비용과 리스크를 따져 가성비를 계산해 보자. 인생 자체가 비즈니스다. 그런데 계산이 쉽지 않다. 영화가 끝날 때까지 손에 땀을 쥐게 했던 〈배드 지니어스〉의 긴장감은 바로 이 복잡한 계산에 있다.

## 아포리아(aporia), 생각이 시작되는 순간

우리가 익숙하게 알고 있는 것이 무위로 돌아갈 때 나타나는 곤란함과 당혹감은 우리들로 하여금 다른 무엇을 찾아보도록 만드는 것이다.R. L. 네틀쉽, 『플라톤의 국가론 강의』, 김안중·홍윤경 옮김, 교육과

학사, 2010, 246쪽.

아포리아(aporia)는 항해술에서 배가 난관에 부딪게 되어 더 이상 나아갈 수 없게 된 것을 가리키는 용어로, 자신이 옳다고 생각했던 관념이나 생각이 부정될 때 겪게 되는 헤어날 수 없는 난점을 가리킨다. 또는 그러한 때의 당혹감과 마비의 상태를 나타낸다. 린과 뱅크에게 닥친 일은 아마도 아포리아라 부를 수 있을 것이다. 우리 주변에는 어떤 일들이 있을까?

나는 수도권에서 서울로 출퇴근을 한다. 2시간 가까이 소요되는 운전 시간을 줄이기 위해 내비게이션을 샅샅이 뒤져 보지만, 뾰족한 수가 없이 정체된 도로 위에서 왕복 3~4시간을 보낸다. 날이 갈수록 차량이 늘어 최근에는 고속도로에서도 정체구간이 길어지고 있다. 이렇게 통근 시간이 오래 걸린다면 이사를 생각해 볼 수 있지만, 서울 시내 부동산 가격을 떠올려 보면 나에게 주거 이전의 자유가 없다는 것을 금방 수긍하게 된다. 그렇다고 집 근처에서 일자리를 찾기도 쉬운 일이 아니니, 아깝지만 도로 위에서 시간과 에너지를 낭비할 수밖에 없다. 근무 시간에 운전 시간을 포함해 급여를 계산해 보면 최저시급이라도 받고 있는지 의심이 들고, 이런 일자리밖에 얻지 못하는 나 자신이 답답해진다. 한마디로 '노답'이다.

델피 신전으로부터 '가장 지혜로운 자'라는 신탁을 받은 소크라테스(Socrates, 기원전 470~399)는 매일 아크로폴리스 아래 자리 잡은 광장이자 시장인 아고라로 출근했다. 정해진 일자리가 있는 것도 아니었는데, 하루도 거르지 않고 아고라로 나가 아테네 시민들에게 질문을 던졌다. 우정이 무엇인지, 용기가 무엇인지, 절제가 무엇인지…, 그는 질문만 던질 뿐 정답을 말해 주지 않았다. 결국 그의 대화 상대자에게 남는 것은 내가 알고 있는 것은 '우정이 아니구나, 용기가 아니구나, 절제가 아니구나…'라는 '무지'(無知)의 확인이다. 소크라테스와의 대화를 통해 아포리아에 이르게 된 사람들의 반응은 반반이었다고 한다. 왕성한 호기심과 함께 소크라테스와 공부를 시작하거나, 원한의 감정을 갖고 소크라테스에게 악담을 퍼붓거나.

아포리아는 출구 없는 막다른 길이 아니다. 곤란함과 당혹감은 우리로 하여금 '다른 무엇'을 적극적으로 찾아보도록 만든다. 무지한 자의 곤란함과 당혹감이 무엇인가를 알고 싶게 만드는 생각의 원동력이다. 길바닥에 시간과 에너지를 낭비하며 계속 일을 할 것인지 말 것인지, 나도 '노답 인생'에서 벗어나기 위해 적극적으로 생각하고 답을 찾아야 한다.

기원전 5세기 말, 펠로폰네소스전쟁(기원전 431~404)을 경과하며 아테네는 몰락의 길을 걷게 된다. 아테네의 황금기에 도

시의 번영과 함께 성장한 소크라테스는 변방의 전장에서 질문을 갖게 된다. "나는 왜 남의 집 앞마당에서 모르는 자와 목숨을 다투고 있는가?" 전쟁이 28년간 지속되면서 대의명분은 자취를 감추었고, 실리에 따른 이합집산과 배신이 전쟁터를 휩쓸고 지나갔다. 결국 전쟁은 스파르타의 승리로 끝이 나고, 아테네의 민주 정치도 타락의 길로 접어들었다.

전장에서 돌아온 소크라테스는 날마다 아고라로 출근해 아테네 시민들에게 질문을 던졌다. '너는 지금 무엇을 하고 있니?' 소크라테스의 시그니처 문장이 된 '너 자신을 알라!'는 '네가 지금 무엇을 하고 있는지 생각해 보라'는 의미와 다르지 않다. 전쟁은 무차별적인 파괴와 살육과 함께 비탄과 철학을 가져왔다. 아테네의 황금기에 파르테논 신전과 소포클레스의 비극과 페리클레스의 민주정이 꽃을 피웠다면, 아테네의 황혼기에는 소크라테스와 플라톤의 철학이 시작되었다.

오늘날 '전쟁'이라는 말은 일상어가 되었다. 입시전쟁, 취업전쟁, 주차전쟁, 육아전쟁 등등 거의 모든 말에 '전쟁'을 붙여도 어색하지 않다. 전쟁에서 살아남기 위한 우리의 경쟁도 끝이 없다. 성적, 외모, 인맥, 사교성, 봉사 시간 그리고 이것을 포장할 스토리텔링의 기술까지. 그런데 정말 이런 경쟁무기들이 실효성이 있는 것일까? 이러한 스펙을 쌓기 위해 소비하는 우리의 시간과 돈이 합리적인 투자인지 아무도 확인해 주지 않는다. 이러한 계산이 명확하지 않다는 의심이 들 때, 우리는 친구의 SNS를 뒤져 보거나 가십으로 가득한 인터넷뉴스를 검색하며 '멍 때리는' 시간을 보낸다. 지금 해야 할 일들을 미뤄 놓고 딴생각에 빠져 있다면, 우리는 아포리아의 문턱을 배회하고 있는 것이다. 지금까지 해오던 대로, 또는 남들이 하는 대로 하면 안 될 것 같은 생각의 균열을 느끼게 된 것이다.

## 책 밖으로 나온 소크라테스와 플라톤의 분신들

기원전 399년 소크라테스는 아테네 법정에서 사형을 선고받고 죽음을 맞았다. 그의 나이 일흔이었다. 스승의 죽음 이후 청년 플라톤(Plato, 기원전 427~347)은 십여 년간 아테네를 떠나 지중해 인근의 이탈리아, 시칠리아, 이집트 지역을 떠돌았다. 피타고라스(Pythagoras)학파의 공동생활을 비롯한 다양한 체험학습을 마치고 돌아온 중년의 플라톤은 아테네 교외 아카데메이아 숲에 학당을 차렸다. 그리고 그는 소크라테스의 문제의식과 그의 답변을 철학적으로 정리하는 작업을 했다.

소크라테스를 주인공으로 하는 『소크라테스의 변론』, 『파이돈』, 『국가』, 『향연』 등 플라톤이 남긴 대화편들로 비로소 서양철학의 체계가 정립되었다. 세계는 어떻게 존재하는가? 진리란 무엇이고 어떻게 인식할 수 있는가? 정치란 무엇인가? 좋은 삶을 위해 인간은 어떻게 노력해야 하는가? 존재론·인식론·정치학·윤리학이라고 하는 철학의 범주들은 플라톤의 대화편에서부터 시작되었다. 플라톤은 이것을 대화편이라는 형식을 통해 비극작품처럼 드라마로 보여 준다. 플라톤의 철학드라마가 동시대인들에게 얼마나 사랑을 받았는지는 정확히 알지 못한다. 그러나 그의 작품이 2,500년간 롱런하고 있는 철학의 '정석'이라는 사실만은 분명하다. 현대 철학은 "플라톤의 각주"라는 화이트헤드(Alfred North Whitehead, 1861~1947)의 논평처럼 모든 철학적 질문들은 플라톤으로부터 시작되고, 모든 철학의 길은 플라톤과 만난다.

2017년 그리스로 보름간 여행을 다녀왔다. 그리스 철학 공부를 시작하고 몇 년을 보낸 터라, 아크로폴리스를 걸어가면 소크라테스의 영감이 느껴질 것 같은 흥분에 들떠 있었다. 지금은 학술원이 자리 잡고 있는 플라톤의 아카데메이아에 실제로 가 본다면, 그가 남긴 대화편들이 더 잘 이해될 것 같은 착각에 빠져 있었다. 모두가 짐작하는 대로 그건 그냥 환상과 착각이었다.

그리스에서 내가 본 것은 소크라테스와 플라톤이 아니라 끝없이 이어지는 올리브나무와 그리스정교회의 중세식 건축물이었다. 그리고 스파르타가 아니라 터키에 적대감을 느끼고 있는 아테네 사람들이었다. 아고라에서 내가 한 일은 소크라테스의 질문들을 떠올리는 것이 아니라 기념품을 고르고 수블라키 식당을 찾아가는 일이었다. 오늘날의 그리스에서는 서양문명의 기원이라는 후광보다도 국가부도의 위기를 버텨 내고 있는 경제적인 어려움이 먼저 눈에 들어왔다.

나는 그리스에서 발견하지 못한 소크라테스와 플라톤을 생활 속에서 만난다. 기성세대에게 부동산 투자의 기회를 빼앗겼으니 20대에게는 가상화폐 투자의 기회밖에 남지 않았다고 주장하는 SNS 게시글을 읽을 때, 최저임금 인상이 자영업자와 알바생의 갈등을 부추긴다는 인터넷뉴스 기사를 클릭할 때, 기분이 나빠서 PC방 알바생을 죽음에 이를 때까지 폭행했다는 범죄자의 진술을 들을 때… 정리되지 않는 생각들이 많아진다. 이러한 팩트들을 어떻게 독해하고 판단할 것인가? 이것은 흔히 말하는 '팩트 체크'처럼 사실 확인의 문제가 아니다. 나에게 질문을 던지는 자들, 쉽게 정리되지 않는 생각을 끄집어내고 그에 대한 답변을 궁리하게 하는 사람들 모두가 소크라테스와 플라톤의 분신들이다.

　나를 당황하게 만드는 일상 속 질문들을 가지고 플라톤의 『국가』를 읽어 볼까 한다. 동굴의 비유, 이상국가, 철인왕, 이데아…『국가』에서 플라톤이 정리하고 있는 개념들과 현실의 사건들이 만났을 때 어떤 의미망이 만들어지게 될지 궁금하다. 무지한 자의 아포리아로 철학은 시작된다. 책 밖으로 나온 소크라테스 또는 플라톤들과 함께 '대화의 희열'을 느껴 보자.

# 2

## 동굴의 비유와
이상한 나라의 헌책방

## 홍대에서 발견한 '동굴의 비유'

'뉴스타파' 김진혁 PD가 2015년에 만든 미니다큐멘터리 〈꼰대와 선배〉에서는 '꼰대'를 다음과 같이 정의하고 있다.

> "보통 자기 세대의 가치관으로 시대가 지났음을 인정하지 아니하고 사회적으로 용인될 만한 아랫세대의 문화나 행동에 태클을 걸면 '꼰대질'한다고 일컫는 경우가 많다."

내가 이 다큐를 찾아보게 된 것은 같이 일하는 젊은 친구에게 "선생님, 꼰대 같아요"라는 말을 듣고 난 후였다. "그래, 나 꼰대야. 그래도 이렇게 불성실하게 일 안 하고 변명하는 건 안 돼!"라고 윽박질렀지만, 내심 놀라기는 했다. 잘못을 지적하는 것이 꼰대질인가? 지적을 세련되게 해야 꼰대가 되지 않는 것인가? 나는 시대 변화에 둔감해서 젊은 세대의 행동을 제대로 독해할 줄 모르는 꼰대인가?

　　내 주변에 진짜 꼰대가 있다. 고등학교를 졸업하면서 외모에 관심이 많아진 딸들이 아무렇지 않게 머리색을 바꾸고 들어오면, 남편은 "안 돼!" 비명을 질렀다. 왜 안 되는지 이유를 말하지 못하면서도, 노랑머리는 안 되지만 갈색머리는 괜찮다는 근거 없는 기준을 들이대 더욱 딸들에게 신뢰를 잃었다. 염색은 물론 타투도 안 되고, 피어싱도 안 되고, 비혼(非婚)도 안 된다는 남편의 강경한 태도에 대해 딸들은 불평조차 하지 않았다. 아빠의 취향을 존중하겠으니 본인들의 취향도 존중해 달라는 '매너 있는' 무시였다. '핵인싸' '댕댕이' '갑분싸'* 등 딸들과 눈높이를 맞춘 대화를 위해 '급식체'(아이들 사이에서 유행하는 감성이나 말투)를 연습하는 남편을 보면 마음이 짠하다. 유행어를 학습으로 익혀야 한다면, 그건 그냥 '아재 개그'지 '급식체'가 아니다.

　　그런데 우연히 들른 홍대에서 나는 '나도 꼰대'라는 사실을 인정할 수밖에 없었다. 처음 가 보는 공연장을 찾아가던 중, 나는 홍대 뒷골목에서 외국인 관광객이 되었다. 그곳의 지리는 낯설었고, 그곳을 오고 가는 젊은이들의 눈빛과 말투에서 느껴지는 '공기'도 달랐다. 도로엔 거대한 편집샵들이 포진해 있고, 그 사이를 비집고 다니며 젊은이들이 사 먹는 길거리표 간식도 요즘

---

* 핵인싸 : 사물의 중심을 의미하는 '핵'과 무리에 잘 어울려 지내는 사람인 '인사이더'(insider)의 합성어로, 무리와 섞이지 못하고 밖으로 겉도는 아웃사이더와는 다르게 어느 집단 속에서든 아주 잘 지내는 사람을 의미하는 말.
　댕댕이 : '멍멍이'의 '멍멍'에 모양이 비슷한 '댕댕'을 넣어 만든 신조어로, 개를 귀엽게 이르는 말.
　갑분싸 : '갑자기 분위기 싸해짐'의 줄임말.

트렌드에 맞게 바뀌어 있었다. 지갑에 카드 한 장 달랑 들어 있던 나는 버블티나 회오리감자 같은 것을 사 먹지 못했다. 현금 인출기를 찾으려면 작은 점포들로 꽉 찬 골목길을 빠져나와야 했고, 미로와 같은 그 길을 다시 찾아갈 수 있을지 엄두가 나지 않았다. 곳곳에서 내가 느낄 수 있는 것은 '출입금지'의 표시들이었고, 나는 내가 '옛날사람'임을 인정할 수밖에 없었다.

## 동굴 속 아테네, 플라톤 철학의 출발점

플라톤은 『국가』 7권에서 '동굴의 비유'를 통해 우리의 지식이 사실은 무지에 가까운 편견과 고정관념이라는 점을 상징적으로 보여 주고 있다. 동굴의 비유는 연극의 무대와 같은 세트를 보여 준다. 동굴이 있고 동굴의 입구엔 횃불과 물건들이 놓여 있는 단상이 있다. 사람들은 동굴의 입구를 등지고 벽을 바라보는 상태로 결박되어 있다. 사람들이 보는 것은 동굴 벽에 비치는 그림자들이다. 평생 이러한 조건 속에 살고 있다면, 이들에게 '그림자'(가상/환상)의 세계는 완벽한 현실세계이다. 자신의 눈으로 보고 있는 세계의 진위(眞僞)를 의심할 수 있는 사람은 거의 없다. 중년이 넘은 나이에도 불구하고 내가 꼰대일 리 없다는 콩깍지가 씌었던 나처럼, 그림자의 세계를 현실이라 착각하며 살아가는 일은 그렇게 이상한 일이 아니다. 플라톤은 사람들이 자신들이 바라보고 있는 것이 현실이나 진실이 아니라 가상이나 환상이라는 사실을 알게 된다면, 편견과 고정관념에서 벗어나 올바른 인식에 이를 수 있다고 낙관했다. 그런데 어떻게 그런 일이 가능할까? 동굴의 비유를 좀 더 살펴보자.

누군가 우연히 결박이 풀린 사람이 있다면, 그 사람은 벽으로부터 몸을 돌릴 수 있을 것이다. 그리고 어둠 속을 더듬어 동굴의 입구 쪽으로 걸어가게 된다면, 자신이 봐 오던 것이 동굴 입구의 횃불과 물건들의 그림자라는 사실을 알게 될 것이다. 더 나아가 동굴 밖에 이르게 된다면 횃불이 아니라 태양이 모든 것을 비추고 있다는 사실도 알게 될 것이다. 이 과정은 쉽지 않고 짧은 시간에 끝나지도 않는다. 동굴 속 어둠에 익숙한 자에게 동굴 밖의 밝음은 시력을 잃게 할 수도 있다. 실명하지 않고 태양의 빛을 제대로 보기 위해서는, 갑자기 눈을 떠서는 안 되고 천천히 태양의 밝기에 눈을 단련시켜야 한다.

그런데 플라톤의 동굴의 비유는 올바른 인식에 이르는 방법에 대한 설명에 그치지 않고, 여기서 한 걸음 더 나아간다. 플라톤은 동굴 밖으로 나온 사람을 다시 동굴 안으로 들여보낸다. 올바른 인식의 기쁨을 느낀 자가 있다면, 그는 원래 있던 곳으로 돌아가 자신의 동료들과 그 기쁨을 나눠야 한다는 것이 플라톤의 윤리의식이다. 그래서 또 하나의 스토리가 동굴의 비유 속에 겹쳐진다. 모든 스토리에 반전과 갈등이 빠질 수 없듯이, 동굴로 돌아온 자에게도 위기와 갈등이 기다리고 있다. 평생 동굴의 벽만 바라보고 살아온 사람들이 동굴 밖으로 나갔다 돌아온 동료의 말을 이해하기는 어렵다는 점이다.

> "위쪽으로 올라가더니 눈이 상해서 돌아왔군. 위쪽으로 올라가려고 하는 것 자체가 잘못이지. 쇠사슬을 풀어 주며 위쪽으로 데려가려는 자는 잡아 죽일 수만 있으면 모조리 죽여야 해."『국가』 7권 517a: 플라톤, 『국가』, 천병희 옮김, 숲, 2013, 389쪽.[*]

동굴의 비유에서 동굴 밖으로 나갔다 돌아온 자는 현실 속의 소크라테스를 떠오르게 한다. 대중들은 과연 철학자의 말을 신뢰할 수 있을까? 철학자는 과연 현실정치에 참여할 수 있을

---

[*] 앞으로 『국가』를 비롯한 플라톤의 저작을 인용할 경우, 해당 서지가 처음 나오는 곳에 번역본의 자세한 서지사항을 밝히고, 이후로는 권수와 스테파누스 표기, 번역본의 쪽수만을 표시한다. 스테파누스 표기에서 아라비아숫자는 그리스어 텍스트의 쪽수를, 로마자는 문단을 나타낸다.

까? 플라톤은 동굴의 비유를 통해 철학과 정치와 윤리가 분리될 수 없는 난제를 제시하고 있다. 이것은 『국가』 전체를 꿰뚫고 있는 플라톤의 아포리아이기도 하다.

플라톤이 대화편을 쓰게 된 배경에는 '동굴 속의 아테네'가 있다. 플라톤은 아테네 시민들이 철학자의 말에 귀를 기울여 동굴 밖으로 나올 수 있다면, '정의로운/건강한' 아테네의 공동생활이 가능하다는 이상적인 꿈을 꾸고 있었다. 이상국가의 꿈을 실현하기 위해서는 무지의 동굴을 지나가야 한다. 이런 점에서 동굴의 비유는 『국가』 7권에 수록되어 있지만, 『국가』와 플라톤의 철학이 시작되는 출발점이라 할 수 있다.


## 아테네의 전성기는 소송의 시대[*]

고대 그리스의 수많은 폴리스들 가운데 하나였던 아테네는 기원전 480년 동방의 제국 페르시아와의 전쟁에서 승리하며 '전통 강호' 스파르타를 제치고 '그리스의 맹주'로 자리 잡게 된다. "아테네는 그리스의 학교"투퀴디데스, 『펠로폰네소스전쟁사』, 천병희 옮김, 숲, 2011,

---

[*] 이하 '아테네의 전성기는 소송의 시대'의 내용은 이정우의 『세계철학사 1』(길, 2011)의 5장 "너 자신을 알라"를 참조하였다.

171쪽 '페리클레스의 추도연설문' 중에서라는 수식어는 이런 아테네인들의 자긍심을 잘 보여 준다. 아테네의 전성기, 그리스 전역의 지식인들이 아테네로 몰려들었다. 헤라클레이토스, 파르메니데스, 탈레스 등 세계의 근원에 대해 질문을 던졌던, 이전의 철학자들은 현실생활과는 동떨어진 '현자'에 가까웠다. 그러나 이 시기 새롭게 형성된 아테네의 지식세계는 이와는 다른 양상을 보였다. 이들은 지적 순수함보다는 현실적 감각을, 영원한 진리보다는 당장의 효용성을 전면에 내세웠는데, 사람들은 이들을 소피스트라 불렀다.

사회가 발달하고 복잡해질 때 그에 따라서 증대되는 것들 중에 법, 소송, 재판이 포함된다. 가난이 보편적인 사회에서는 소송이 쉽게 일어나지 않는다. 사회의 위계가 뚜렷하고 평등한 관계가 거의 존재하지 않는 곳에서도 소송이 잘 일어나지 않기는 마찬가지다. 소송이란 최소한의 평등 관계가 존재하는 곳에서 성립한다. 특히 사회의 부가 축적되면 싸울 일이 많아진다. 바로 이 때문에 아테네의 전성기는 소송의 전성기였다.이정우, 『세계철학사 1』, 198~199쪽.

플라톤의 대화편에 등장하는 대표적인 소피스트로 프로타고라스가 있다. "인간은 만물의 척도이다"라는 그의 명제는 지식의 객관성과 보편성을 거부한다. 객관성의 추구란 동일성을 전제로 한다. 그런데 인식 주체에 의해 사물의 본질과 가치가 달라진다면, 객관성과 보편성의 근거가 사라진다. 이제 남은 것은 변화하는 주체와 대상 사이의 상대적인 진리이다. 시대의 변화에 따라, 각자의 상황에 따라 진리가 변화한다는 소피스트들의 논리는 많은 사람들에게 설득력을 얻었고, 이건 당대 아테네 시민들이 원했던 대답이라는 점에서 더욱 그러했다. 아침에 눈을 뜰 때마다 '신흥 강국' 아테네의 도시 풍경은 달라지고 있었다. 파르테논 신전이 건축되고, 새로운 도로와 항만이 정비되고, 아테네 시민들의 욕망도 시시각각으로 바뀌어 가고 있었다. 문제는 나의 욕망과 너의 욕망이 충돌할 수 있고, 아테네의 입장과 다른 폴리스의 입장이 대립할 수 있다는 점이다.

혼란과 분쟁의 한가운데에서 소크라테스는 재판과 논쟁에서 좋은 성과를 가져오는 유능함이 아니라 지성의 힘에 의해 '옳고 그름'을 판단하는 탁월함, 아레테(arete)를 강조했다. 우리는 어떻게 탁월한 인간이 될 수 있는가? 소크라테스는 사람들이 잘못을 하는 까닭은 욕망을 절제하지 못해서가 아니라 무엇이 자신에게 좋은 것인지 판단할 수 있는 지성이 부족하기 때문이라고 보았다. 쾌락의 유혹에 굴복하는 것은 의지의 문제가 아니라 무지의 문제라는 것이다. 이것을 압축적으로 표현하면 "덕은 지성이다"라는 소크라테스의 지성주의로 수렴된다.

따라서 소크라테스와 플라톤에게 중요한 것은 탁월함의 올바른 기준을 알아 가는 과정과 그것을 생활 속에서 훈련하는 과정인 파이데이아(paideia), 곧 교육이다. 동굴의 비유에서 동굴 안과 밖의 대비만큼 중요한 것이 동굴 밖으로 나오는 과정이다. 동굴에 결박된 자들에게 주어질 자유는 족쇄에서의 풀려남이 아니라 어둠에 익숙한 눈이 빛을 제대로 바라볼 수 있도록 단련시키는 훈련과 노력에 달려 있다.

## 동굴 밖 '이상한 나라의 헌책방'

인기리에 방송된 예능프로그램 〈윤식당〉과 〈효리네 민박〉은 판타지를 전면에 내세웠다. 스페인의 작은 섬 가라치코에서 한국 식당을 차린 연예인들은 알콩달콩 식당을 운영한다. 외국인들에게 생소한 한식 메뉴에 대한 설명과 그들의 입맛에 맞는 조리법 연구까지 〈윤식당〉 사람들은 정신을 쏙 빼고 식당일에 매달려 있다. 그러나 그들의 전력투구에는 '짠내' 나는 간절함이 빠져 있다. 장사가 이윤을 내지 못하면, 가족의 생계가 위협받고, 신용불

량과 빈곤의 나락으로 떨어질 수도 있다는 현실적 제약들이 방송에는 빠져 있다. 어쩌면 사람들이 〈윤식당〉을 즐겨 본 이유 가운데 하나는 바로 현실의 중력이 제거된, 무중력의 꿈을 실현시켜 주기 때문이었을 것이다.

제주도 소길리에 자리 잡은 '효리네 민박'에 놀러 온 사람들은 줄곧 음식을 먹거나 잠을 잔다. 끊임없이 먹고 자는 그들을 보고 있노라면, 뭐 하느라 우리는 제대로 먹지도 못하고 자지도 못하며 쫓기듯 살고 있는 것인지 반문하게 된다. 패스트푸드로 끼니를 때우고, 주말에도 평일처럼 연장근무를 반복해서 우리가 얻게 되는 보상은 제주도 여행 같은 휴가이다. 생각해 보면 여행은 혹사당하는 일상을 위한 피로회복제가 아니라 마취제에 가깝다. 우리가 소소한 행복을 표방하는 '착한' 예능프로그램들을 의심해 봐야 하는 이유는 그것들이 보여 주는 휴식과 행복이 '동굴 속 그림자'와 같다는 점이다. 이러한 예능들은 일과 휴식의 간극을 더욱 견고하게 만드는 판타지를 재생산한다.

'수목금토' 주 4일 오후 3시부터 11시까지만 문을 여는 헌책방이 있다. 이렇게 일하고 먹고살 수 있다면, 이것이야말로 판타지가 아닐까? 서울시 은평구 서오릉로에는 2007년부터 지금까지 주 4일만 문을 여는 '이상한 나라의 헌책방'이 있다. 모두의 생각이 비슷해서인지 '이상한 나라의 헌책방'에 관한 첫번째 질문은 "헌책방 해서 먹고살 수 있나?"라고 한다. 주인장의 친절한 설명에 따르면윤성근, 『동네 헌책방에서 이반 일리치를 읽다』, 산지니, 2018년, 79쪽., 임대료와 전기세, 수도세 등 매달 나가는 고정비용이 120~150만 원 사이이고, 주인장의 월급을 200만 원이라고 책정하면, 하루에 200권은 팔아야 헌책방을 유지할 수 있다는 계산이 나온다(책 한 권 팔아서 남는 수익이 500원에서 1,000원 사이라고 한다). 이 말인 즉슨 책만 팔아서는 헌책방을 유지할 수 없다는 말이다. 그래서 '이상한 나라의 헌책방' 주인장의 일은 버라이어티하다. 헌책을 구입하고 정리하는 일은 물론, 이벤트에 대한 기획과 홍보, 헌책방에서 일어나는 일들에 대한 글쓰기와 강연도 빠질 수 없는 중요한 업무에 포함된다. 이 모든 궁리와 준비를 위해 주 4일 헌책방의 문을 여는 것은 판타지가 아니라 합리적인 선택이었다.

한때 IT회사에 근무하며 과로로 쓰러지기 일보 직전까지 갔던 주인장은 직장을 그만두며 더 이상 건강을 해칠 정도로 과로하며 살지 않기로 작정했다고 한다. 그리고 새롭게 시작하는 일은 스스로 즐거워할 수 있는 재미와 의미가 있는 일이어야 한다는 원칙을 세웠다. 심야책방, 막막한 독서모임, LP로 음악 듣기, 원작이 있는 영화 감상하기 등은 '이상한 나라의 헌책방'에서 인기 있었던 이벤트들이다. 이 중에는 막막한 독서모임처럼 현재까지 계속되는 것도 있지만, 대부분은 없어졌다. 재미가 없어지면 과감히 정리하는 것이 '이상한 나라의 헌책방 스타일'이라고 한다.

사람이 살아가는 데는 재미만 필요한 게 아니라서, 이러한 생활을 유지하려면 그 밖에도 많은 노력이 필요하다. 그는 헌책방 근처에 살고 있다. 출퇴근에 드는 시간과 교통비를 줄이기 위해 과감히 이사를 결정했고, 이동수단으로는 오토바이와 자전거, 그리고 킥보드를 용도에 따라 바꿔 탄다. 불필요하게 낭비되는 시간과 에너지의 소모가 없기 때문에 자신이 관심 있어 하는 일에 온전히 집중할 수 있다고 한다. 그에게 헌책방 일은 해치워야 하는 지겨운 '밥벌이'가 아닌 것이다. 오토바이와 자전거를 탈 때의 속도를 이동뿐 아니라 일과 소비에도 적용할 수 있을 때, 주 4일 일하며 먹고살 수 있는 헌책방의 살림살이가 현실적으로 가능하다.

'이상한 나라의 헌책방'에는 곳곳에 주인장의 손때가 묻어 있다. 주인장이 손수 제작한 헌책방 주변 맛집과 생활정보를 알려 주는 지도가 있고, 헌책방을 운영하며 집필한 책들도 대여섯 권 전시·판매하고 있다. 헌책방을 오고 가는 사람들이 내놓은 중

고물품을 무료로 가져갈 수 있는 테이블이 마련되어 있고, 『이상한 나라의 앨리스』에 나오는 토끼가 앉아 있을 것 같은 체스판도 준비되어 있다. 실내를 둘러보면 부지런히 동굴 밖 생활을 꾸려 나가는 그의 살림살이 솜씨가 한눈에 들어온다. '이상한 나라의 헌책방'은 동굴 밖으로 나오기 위해서 필요한 것은 판타지로부터 눈을 돌려 스스로 만들어 가는 자율적 삶의 재미와 솜씨를 늘려 가는 일이라는 것을 거품 없이 말해 주고 있다.

# 『국가』 1권 정의란 무엇인가
## ─교통사고 목격자를 찾습니다

## 현수막을 걸다, "목격자를 찾습니다"

"목격자를 찾습니다. 모월 모시 좌회전하는 은색 아반떼와 흰색 소나타 택시의 충돌사고를 목격하신 분은 연락 주세요!"——차가 막히는 도로에서 가끔 현수막을 보게 된다. 정체 중인 차량의 행렬을 지켜보다 따분해져 눈을 돌렸을 때, 이런 현수막을 읽게 되면 사람들은 무슨 생각을 할까? 목격자를 찾을 수 있을까? 얼마나 큰 사고가 났을까? 딴생각도 잠시, 차가 슬슬 움직이기 시작하면 이런 호기심도 끝이 난다.

사실, 아반떼와 소나타 충돌사고의 목격자를 찾는 현수막은 내가 건 것이다. 노면이 살짝 결빙되기 시작하던 12월, 자정 가까운 시각에 독서실에서 집으로 오는 아이를 태운 승용차와 야근을 마치고 귀가하는 회사원을 태운 택시가 충돌하는 사고가 일어났다. 승용차는 좌회전 중이었고 택시는 직진 중이었다. 둘 중 한 대가 명백히 신호위반을 한 사고였다. 누가 신호위반을 했을까? 택시 기사는 삿대질을 하며 차에서 내렸고, 승용차 운전자는 한순간 기억이 가물가물했다.

자정이 넘은 시각, 경찰서에서 경찰과 운전자들과 보험사 직원이 대면했다.

"아줌마, 잘 기억해 보세요. 좌회전 신호 맞아요?"

"…너무 놀라서 기억이 안 나요… 근데 거기는 불법 좌회전 하기 힘든 곳이에요. 저는 한밤중에 애까지 태우고 신호위반을 할 정도로 강심장이 아닌데…."

사고 장소는 유명한 포털사이트 본사에서 200미터쯤 떨어진 곳으로, 밤에는 서울 번호판을 단 택시들이 신호위반을 자주 하는 곳이었다. 그러나 그건 그냥 정황일 뿐이다. 베테랑 택시 기사가 차량이 거의 없는 야밤에 신호위반하는 건 흔하고 흔한 일이지만, 그날 그 시각에 그 흔한 일이 일어났을 것이라는 근거는 어디에도 없다. 언제나 신호를 지키는 운전 미숙의 운전자가 불법 좌회전을 하는 매우 드문 사건이 그날 그 시각에 일어나지 않았으리라는 근거 또한 어디에도 없다. 택시 승객은 기사가 신호를 지켰다고 증언했다. 하지만 야근을 마치고 퇴근하던 승객은 차에 타자마자 눈을 감고 잠을 청했을 수도 있고, 기사에게 유리한 진술을 해주기로 입을 맞췄을 수도 있다.

야심한 밤 경찰서에서 피곤에 지친 세 남자——경찰, 보험사 직원, 택시 기사와 대치하며 나는 누구도 내 편이 아니라는 것을, 누구도 사건의 진실 따위는 중요하지 않다는 것을 분명하게 느낄 수 있었다. 경찰은 그저 사건경위서를 작성하면 그만이고, 보험사 직원은 과실 여부에 따라 매뉴얼대로 처리하면 그만이고, 택시 기사는 상대 차량의 과실을 100% 확신하며 뒷목을 잡고 있었다. 그때 나는 어떤 억울함 혹은 불의를 느꼈다. "목격자를 찾겠어요!" 새벽 1시 반, 내가 할 수 있는 유일한 방어였다.

현수막에 사건 경위와 담당 경찰의 연락처를 적으면서도 진짜 목격자를 찾겠다는 기대는 거의 없었다. 그래도 이대로 당할 수만은 없다는 억하심정으로 가끔 경찰에게 연락해 제보가 있는지 확인하고, 택시 승객에게 전화해 그날의 기억에 대한 껄끄러운 질문을 던졌다. 이제 나는 가끔 도로에서 현수막을 볼 때마다, 그 현수막이 말하고 싶은 것은 억울함의 토로와 한풀이라는 것을 이해한다.

지금도 나는 그때의 막막함이 생각난다. 사고 현장은 CCTV를 설치할 수 없는 사거리였고, 출퇴근 시간이 아니면 근처를 지나가는 차량도 드문, 물리적으로 교통사고의 증거를 확보하기 어려운 곳이었다. 이러한 조건 속에서 운전자가 스스로 과실 없음을 입증하지 못하면 교통사고 가해자가 된다. 이런 것이 정의일까? 이 사고로 나는 보험료가 많이 올라갔고, 높은 벌점을 받았다. 만약에 내가 가해자가 아니라 피해자라면, 이건 정말 불의한 일이 아닐까?

## 배틀 1라운드, 정의는 각자에게 각자의 것을 갚는 것

누구나 한 번쯤은 '정의란 무엇인가?'라는 질문이 궁서체로 떠오르는 순간이 있었을 것이다. 아마도 나와 같이 억울함과 불의를 느꼈던, '욱하는' 순간들일 것이다. 우리는 일상생활에서 정의롭지 못한 크고 작은 일들을 경험한다. 그때마다 질문을 던져 보지만, 스스로에게 납득할 만한 대답을 듣기는 어렵다. 당시 교통사고 시비가 있었을 리 만무하지만, 플라톤의 『국가』 1권도 '정의란 무엇인가'라는 질문으로 시작한다.

고대사회의 정의론은 범박하게 말하자면 '인과응보'(因果應報)이다. '뿌린 만큼 거둔다'는 의미의 인과응보를 달리 말하면 '눈에는 눈, 이에는 이'라고 바꿔 말할 수도 있다. 나에게 이익을 준 사람에게는 보답을 하고, 손해를 끼친 사람에게는 해코지를 하는 것이 마땅하다는 논리이다. 『국가』 1권에서 소크라테스가 이의를 제기하는 것은 바로 이런 고대사회의 통념에 대한 부분이다.

'누군가에게 해코지를 하는 사람을 정의로운 사람이라고 말할 수 있는가?' 실제로 우리 생활을 돌아보자. 주차 중 옆집 차가 내 차를 긁었다고, 나도 옆집 차를 긁는 것은 정의롭지 못하다.

정의롭기는커녕 '고지식하고 괴팍한 사람'이라는 손가락질을 받기 십상이다. 그가 내게 손해를 입혔으니 나에게는 그에게 손해를 입힐 권리가 있지만, 그것을 실행에 옮기는 것은 바람직하지 않다. 따라서 "각자에게 갚을 것을 갚는 것"은 정의(正義)의 정의(定義)가 될 수 없다. 이것은 소크라테스와 플라톤의 당대적 맥락에서는 전쟁 중인 스파르타인들에게 적의를 갖고 손해를 끼치는 일을 정의라고 할 수 없다는 이의제기이기도 하다. 이러한 시각은 당시로는 파격적인 생각이었다.

> "그러니 누가 정의란 누구에게든 빚진 것을 갚는 것이라고 말한다면 그리고 올바른 사람은 적은 해코지하되 친구는 도와주어야 한다는 뜻으로 그런 말을 한다면, 그런 말을 하는 사람은 지혜로운 사람이 아닐세. 그의 말은 사실이 아니기 때문이네. 누구를 해코지하는 것은 어떤 경우에도 옳지 않다는 것이 밝혀졌으니 말일세." 『국가』 1권 335e; 『국가』, 44쪽.

이제 소크라테스와 대화 상대자들은 정의(正義)에 대한 기존의 정의(定義)를 폐기하고 새로운 정의를 내리기 위해 대화를 계속해야 한다. 우리가 익숙하게 생각해 왔던 것이 사실은 모순을 갖고 있다는 것을 알게 되는 것이 아포리아이고, 소크라테스의 대화법은 여러 사람이 함께 아포리아의 발견에 이르는 공동 탐구의 과정을 말한다. 그리고 공동 탐구가 가능하기 위해서는 "그래, 그게 아닌 것 같아. 그러니 우리 다시 생각해 보자"라는 동의와 합의가 전제되어야 한다.

교통사고에 대한 식견이 풍부한 경찰, 보험사 직원, 택시 기사 앞에서 내가 주눅이 들었던 것처럼, 형식적으로 동의와 합의에 이르렀다고 해도 실제로는 그렇지 않은 경우도 많다. 게다가 대화 상대자가 '가장 지혜로운 자'라는 신탁을 받은 소크라테스라고 한다면, 더더욱 반론을 제기하기 힘들다. 실제로 많은 대화편에서 "예예, 그렇고 말구요, 선생님!"이라고 소크라테스의 의견에 쉽게 동의하는 대화 상대자들이 있다. 하지만 이들은 엑스트라들이다. 플라톤의 대화편이 진짜 시작되는 지점은 소크라테스의 달변에 제동을 걸어 줄 수 있는 '깐깐한' 조연들이 등장하는 순간부터이다. 『국가』 1권에서 스포트라이트를 받는 인물은 트라쉬마코스이고, 트라쉬마코스에게 바통이 넘겨지면서 비로소 '정의 배틀'은 본 게임에 들어가게 된다.

## 배틀 2라운드, 정의는 강자에게 유익한 것

"소크라테스 선생, 순진한 소리 그만하시오! 정의는 강자에게 유익한 것이오." 트라쉬마코스의 의견으로부터 쟁점은 전통적인 정의론에서 현실주의적 정의론으로 넘어간다.

> "법을 제정할 때, 지배자들은 자기들에게 유리한 것이 피치자들에게 정당하다고 선언하고는, 누가 거기에서 이탈하면 범법자나 불의를 행한 자로 처벌하지요. 그러니 소크라테스 선생, 이것이 바로 정의는 모든 도시에서 같은 것이며, 그것은 다름 아니라 수립된 정권에 유익한 것이라고 말할 때 내가 뜻하는 바요. 그리고 힘을 행사하는 것은 정권인 만큼, 올바로 추론하는 사람에게 정의는 어디서나 똑같은 것으로, 즉 강자에게 유익한 것으로 귀결되기 마련이오." 『국가』1권 338e~339a; 『국가』, 51쪽.

"정의가 강자에게 유익한 것이라고? 말도 안 돼!" 소크라테스는 트라쉬마코스의 일격을 가볍게 받아넘긴다. 강자를 치자라고 해보자. 치자의 통치가 피치자가 아니라 치자 자신의 특혜를 위한 것이라면 그것은 논리에 맞지 않다. 의술은 의사가 아니라 환자를 위한 것이고, 선장의 기술도 선장이 아니라 배의 운행을 위한 것이다. 그렇다면 치자의 통치술도 치자가 아니라 피치자를 위한 것이어야 한다. 통치술이 치자가 아니라 피치자에게 이익이 되기 때문에 그에 대한 보상으로 우리는 치자들에게 보수와 명예를 준다. 그렇지 않다면 우리가 그들에게 보수와 명예를 줄 필요가 없다.

물론 이 정도의 논리에 수긍할 트라쉬마코스가 아니다. "소크라테스 선생, 양치기의 기술은 양을 위한 것이 아니라 목장주인과 양치기를 위한 것이라는 것을 잊었소? 양치기가 양을 돌보는 이유는 양털과 젖과 고기를 얻기 위해서라오." 확실히 트라쉬마코스의 강점은 생생한 현실감각에 있다.

논리의 빈틈을 파고드는 트라쉬마코스의 반격을 소크라테스는 여유 있게 받아친다. "그건 품삯 획득술이지 양치기의 기술이 아니라네." 의사는 환자를 치료해 주고 품삯을 받고 선장은 배를 운행하고 품삯을 받는다. 양치기도 양을 돌보고 품삯을 받는다. 따라서 품삯을 받는 것은 의사, 선장, 양치기의 고유의 기능이 될 수 없고, 그 일에 따라오는 보수로 바라보아야 한다. 그가 뛰어난 전문가라면 많은 보수를 받을 수 있지만, 보수로 그의 직업을 설명할 수는 없다. 각각의 직업에는 그 고유한 기능이 있고, 그 기능에 충실해야 전문가로 인정받을 수 있다. 그러니까 자기 이익을 위해 통치를 하는 치자가 있다면, 그는 전문가가 아니라 '모리배'에 불과하다.

이런 소크라테스의 논리를 듣고 있으면 트라쉬마코스는 물론 우리까지 가슴이 답답해진다. 논리적으로는 맞지만, 현실이 어디 그런가? 이런 답답한 가슴에 소크라테스는 돌 하나를 더 얹어 놓는다. "따라서 트라쉬마코스가 말하는 것은 정의가 아니라 불의이다. 그런데 불의가 이익이 된다는 것이 가능한 일인가?" 이 순간 트라쉬마코스는 더 이상 소크라테스와의 대화를 그만둔다. 남의 재물을 훔치거나 사기를 치면 개인적으로 처벌을 받지만, 도시 하나를 빼앗으면 대규모의 불의는 정의로 뒤바뀐다. 불의가 대규모로 저질러지면 정의보다 더 강력하다는 것을 말해주는 사건들이 비일비재한데, 원론적인 이야기만 하는 소크라테스와 더 이상 시간 낭비할 필요가 없다고 판단한 것이다.

소크라테스에게는 불가능한 일이지만, 우리는 현실에서 불의가 이익이 되는 일을 부지기수로 본다. 최저임금 인상분만큼의 금액을 상여금에서 제외시켜 최저임금 인상의 의미를 무력화시키는 기업의 불의와 골목상권을 파괴하고 원주민을 살 수 없게 만드는 도시재개발 사업자의 불의, 성폭력을 합의에 의한 성매매로 둔갑시켜 버리는 재판정의 불의 등 우리는 하루도 빠짐없이 불의를 목격한다. 현실감각이 떨어지는 소크라테스의 논리는 트라쉬마코스뿐 아니라 많은 사람들에게도 설득력이 없다.

하지만 '대화의 달인' 소크라테스가 TV프로그램 〈생활의 달인〉에 나오는 출연자만큼도 감동을 주지 못한다고 실망하기에는 아직 이르다. 『국가』 2권에는 또 다른 조연 글라우콘과 아데이만토스 형제의 소크라테스 구출 작전이 준비되어 있다. 플라톤의 『국가』는 '정의란 무엇인가'라는 질문으로 시작하지만, 그 대답을 곧바로 들려주지 않는다. 10권에 이르는 여정 동안 가끔 샛길로 빠지더라도, '정의'라는 도착지점을 잊지 말고 소크라테스와의 대화를 따라가 보자.

## 칼리클레스, 철학에 대한 조롱

청소년 시절에 하는 철학 활동은 부끄러운 것이 아닙니다. 하지만 소크라테스, 사람이 나이가 이미 꽤 들었는데도 계속해서 철학을 하게 되면, 그 일이 웃음거리가 됩니다. 저 역시도 철학을 하는 사람들과 마주하면 웅얼거리고 장난하는 사람들을 대하는 것과 아주 비슷한 느낌을 받습니다. (중략) 청소년에게서 철학을 볼 때면 나는 감탄하며 그것이 어울려 보이고 이 사람이 자유인답다고 생각되지만, 철학을 하지 않는 청소년은 자유인답지 않을 뿐 아니라 자신에 대해서 훌륭한 일이나 고귀한 일을 할 만하다고 여기지 않을 자라고 생각되니까요. 그러나 나이가 꽤 든 사람이 여전히 철학을 하고 있고 거기서 벗어나지 않는 걸 볼 때마다, 소크라테스, 이 사람은 당장 매가 필요하다는 생각을 하게 됩니다. (중략) ——제게 성내지 마십시오. 당신을 위하는 마음에서 드리는 말씀이니까요.——당신은 물론이고 철학 속으로 계속 멀리 질주하는 모든 사람들이 제가 믿고 있는 바와 같은 그런 무기력한 상태에 있다는 사실이 당신은 부끄럽게 생각되지 않습니까?『고르기아스』 485a~486a; 플라톤, 『고르기아스』, 김인곤 옮김, 이제이북스, 2014, 140~141쪽.

플라톤의 다른 대화편 『고르기아스』에서 우리는 '또 다른' 트라쉬마코스인 칼리클레스를 만날 수 있다. 칼리클레스는 강자가 자기 능력만큼 많은 것을 갖는 것은 자연의 순리만큼 당연한 정의라는 입장을 갖고 있다. 트라쉬마코스가 현실적으로 강자의 정의를 말하고 있다면, 칼리클레스는 그것을 자연의 법칙으로 절대화한다. 힘센 사자가 무리의 암컷들을 모두 차지하는 것은 자연의 법칙이고 정의라는 것이다.

물론 소크라테스는 능력이 많다고 많은 것을 갖는 것은 결코 자연스러운 일이 아님을 변론한다. 예를 들면 뛰어난 제화공이라고 큰 신발을 신지 않는 것처럼, 뛰어난 재단사가 큰 옷감을 두르고 다니지 않는 것처럼, 강자가 많이 갖는 것은 자연스러운 일이 아니라는 논리이다. 이러한 소크라테스의 '논리지상주의'에 칼리클레스 역시 고개를 절래절래 흔들며 트라쉬마코스처럼 딴청을 피운다. 칼리클레스가 보기에 아테네 전체를 휘어잡는 정치에 관한 이야기를 늘 제화공이나 재단사 등 장인의 기술에 빗대어 논리를 전개해 가는 소크라테스는 나이가 들었음에도 철없는 소리나 늘어놓는 '백수'에 불과하다.

트라쉬마코스와 칼리클레스의 무시처럼 철학은 현실감각 없는 백수들의 공허한 논리에 불과한 것인가? 아테네 시민들의 마음을 사로잡는 웅변술로 성공한 정치가가 되겠다는 칼리클레스에게 철학은 실제적인 도움을 주지 못하는 무용지물에 지나지 않았다. 그럼에도 불구하고 소크라테스는 꿋꿋이 논리 따로, 현실 따로인 '따로국밥' 세상에 대해 반론을 제기하며, 그게 바로 문제의 본질이라고 강변한다. 소크라테스는 과연 트라쉬마코스와 칼리클레스처럼 자신의 '안티'들을 대화로 설득시킬 수 있을까? 철학은 그런 힘을 지니고 있는 것인지 『국가』를 읽어 가며 확인해 보도록 하자.

# 4

『국가』 2권 누가 진정 행복한 사람인가

— "어떻게 불의가 이익이 되니?"

## 흑기사 형제의 질문, 누가 진정 행복한 자인가

『국가』1권의 끝에서 소크라테스는 "어떻게 불의가 이익이 되니?"라고 트라쉬마코스의 의견에 반박했지만, 그 승리의 쾌감은 석연치 않았다. 마치 영화 〈봄날은 간다〉에서 유지태가 "어떻게 사랑이 변하니?"라고 질문을 던질 때, 가슴이 아릿해지면서 답답해지는 것과 같다. "어떻게 불의가 이익이 되니?"라는 소크라테스의 고지식한 논리보다 "정의는 강자에게 유익한 것"이라는 트라쉬마코스의 직설에 더 많은 사람들이 공감했을 것이다. 설득력이 부족한 소크라테스를 구출하기 위해 글라우콘과 아데이만토스 형제가 흑기사로 나섰다.

글라우콘은 정의에 대한 자신의 의견을 피력하는데, 이것은 그의 생각이라기보다 보통 사람들이 생각하는 정의에 대한 일반적인 통념이다. 글라우콘과 아데이만토스 형제는 소크라테스에게 반대의견을 내세우지만, 이들이 소크라테스의 지원군이라는 점을 잊지 말자. 이들은 소크라테스가 자신의 논리를 마음껏 펼쳐 놓을 수 있도록 '전략적인' 반론을 제시한다.

"선생님께서 보시기에, 체력 단련하기, 아플 때 치료받기, 의

료행위와 그 밖의 돈벌이 등이 포함되는 세번째 부류의 좋은 것도 있나요? 우리는 그런 것들이 부담스럽긴 하지만 유익하다고 말하며, 우리가 그런 것들을 받아들이는 이유는 그 자체 때문이 아니라, 품삯과 거기에서 생기는 다른 혜택 때문이지요. (중략) [대중은—인용자] 정의를 보수를 받거나 사람들에게 인심을 얻기 위해서는 실행해야 하지만, 그 자체는 어려워서 회피해야 하는 부담스러운 부류에 포함시키니까요."『국가』 2권 357c~358a; 『국가』, 87쪽.

글라우콘의 의견으로 정의에 대한 대화는 논리의 영역에서 심리의 영역으로 넘어간다. 글라우콘은 '좋음'을 세 가지로 구분한다. 그 자체로 좋고 결과도 좋은 것(산책), 그 자체로는 좋지만 결과가 나쁜 것(음주와 흡연), 그 자체로는 나쁘지만 결과가 좋은 것(치료와 노동). 글라우콘의 생각에 정의는 그 자체로는 피곤하고 수고스러운 것이지만 결과로 주어지는 평판이나 보상 때문에 수행하는 세번째 좋음에 속한다. 그러니까 교통법규를 지키고, 계약을 이행하고, 거짓말을 하지 않는 것은, 그것을 지키지 않았을 때 돌아올 비난이나 처벌을 피하기 위해 어쩔 수 없이 지키는 차선의 선택이라는 말이다. 이러한 글라우콘의 의견에는 인간

본성에 대한 이해가 근거로 깔려 있다. 인간은 누구나 들키지만 않는다면 멋대로 자기 이익을 늘리려는 본성을 갖고 있다는 통념이다. 이는 인간의 이기심과 강자의 논리를 말하는 트라쉬마코스의 입장과도 유사하다.

인간의 본성이 진짜 그러한지를 따지기 전에 주목해 봐야 할 점은, 우리는 경험적으로 정의로운 일은 현실적으로 이익이 되지 못한다는 '불일치'를 확신하고 있다는 사실이다. 우리는 살면서 양심적인 부자를 본 적이 별로 없다. 그보다는 불법적으로 탈세를 하면서도 기부금을 내는 방식으로 사회적 명성을 쌓아가는, 위선적인 부자들을 훨씬 더 많이 봐 왔다. 그래서 우리는 양심적으로 살 것인가 자기 이익을 챙기며 살 것인가 하는 선택의 갈림길에서 '인간적으로' 갈등한다.

글라우콘과 아데이만토스 형제는 이런 우리의 고민을 이해한 듯 매우 흥미로운 제안을 한다. 최고로 불의한 자는 불의하면서도 정의롭다는 평판을 듣는 사람이다. 이 사람의 반대편에는 최고로 정의로워서 불의한 자라는 평판을 듣는 사람이 있다. 부정한 자금으로써 정재계의 거물로 성공하는 사람이 있고, 늘 약자의 편에 섬으로써 현행법을 위반할 수밖에 없는 사람이 있다. 이 불일치의 '끝판왕'들, 완벽하게 불의한 자와 완벽하게 정의로운 자의 인생을 비교해 보고 누가 진정 행복한 자인가 판정해 보자는 것이다. 불의한 자에게는 이익이, 정의로운 자에게는 불이익이 돌아가는 듯이 보이는 현실에서 이들이 느끼는 행복지수를 따져 보자는 말이다. 여기까지가 『국가』 전체로 보자면 서론에 해당된다.

흑기사 형제의 질문에 대한 소크라테스의 대답은 『국가』 9권에 가서야 들을 수 있다. 이렇게 이야기를 오래 끌고 가려면 플라톤은 스토리텔링의 달인이 되지 않으면 안 된다. 『국가』를 재미있게 읽는 팁 가운데 하나는 플라톤의 스토리텔링에 집중해 보는 방법이다. 나는 '시인 추방설'을 외친 플라톤이야말로 진정한 이야기 애호가이고 신화와 전설의 수집가라고 확신한다. 플라톤은 자신의 논리를 풀어 가기 위한 방편으로 신화와 전설을 적극 활용하고 있는데, 요소요소에 배치된 이야기를 따라가다 보면 『국가』는 철학책이 아니라 이야기책으로 느껴진다. 2권에는 '기게스의 반지'라는 매력적인 전설이 소개되고 있다.


**기게스의 반지 이야기**


글라우콘은 인간의 본성상 누구나 들키지만 않는다면 멋대로 할 수 있는 자유를 누리려 할 것이라 전제하면서, 그 근거로 기게스의 반지 전설을 가져온다. 목동 기게스는 우연히 반지 하나를 얻게 된다. 이 반지를 끼고 목동들의 모임에 나갔다가 기게스는 신비로운 경험을 한다. 반지를 손바닥 안쪽으로 돌리자 그는 사람들에게 보이지 않는 투명인간이 되었다. 반대로 반지를 손바닥 바깥쪽으로 돌리자 다시 원래대로 돌아왔다. 반지의 신비한 능력을 알게 된 기게스는 왕궁으로 들어가 왕비와 정을 통한 후, 왕비와 모의해서 왕을 살해하고 왕권을 장악했다고 한다.

이 이야기에서 반지와 목동이라는 설정은 플라톤의 창작이라고 짐작된다. 이 이야기의 원래 출전은 헤로도토스(Herodotos, 기원전 484~425)의 『역사』헤로도토스, 『역사』, 천병희 옮김. 숲. 2009.이다. 헤로도토스는 기원전 484년생으로, 플라톤은 기원전 428년생으로 추정되는 것을 감안할 때, 『역사』는 『국가』보다 두 세대 정도 앞선 저작이다. 『역사』에 수록된 기게스의 이야기는 플라톤의 것과 대체로 같지만, 몇 가지 디테일의 차이가 있다.

기게스는 목동이 아니라 왕의 신뢰받는 신하였다. 왕에게는 너무나 아름다운 왕비가 있었다. 왕은 왕비의 완벽한 몸매를 자신만 알고 있다는 사실이 너무 안타까웠다. 그래서 기게스에게 제안을 한다. 침실의 문을 몰래 열어 놓을 테니, 살짝 들어와 왕비가 옷 갈아입는 모습을 훔쳐보라고. 왕은 이렇게 해서라도 왕비의 아름다움을 자랑하고 싶었다. 이것이 왕의 욕망이다. 왕의 제안을 기게스는 완강히 거부했지만, 결국 왕의 지시대로 왕비의 벗은 몸을 훔쳐보게 된다. 여기서 기게스의 욕망은 반반이다. 왕비의 벗은 몸을 보고 싶은 욕망과 왕의 신임을 얻고 싶은 욕망, 그의 행동에는 두 가지가 모두 포함되어 있다. 사달은 이 모든 사태를 왕비가 알게 되었다는 점이다. 왕비는 기게스를 몰래 불러 뜻밖의 제안을 한다. 감히 내 벗은 몸을 보았으니 이 자리에서 죽든가 아니면 나와 함께 왕을 죽이자는 제안이다. 물론 기게스는 그 자리에서 죽을 수 없으니, 왕비와 함께 거사를 치르고 왕이 되었다.

여기서 왕비의 욕망은 무엇일까? 자신을 모욕한 왕을 응징하고 싶었던 것일까? 아니면 평소 마음에 두고 있던 기게스에게 왕위를 넘겨주고 싶었던 것일까? 여기서 기게스의 욕망은 무엇일까? 죽지 못해 왕비의 명령을 따른 것일까? 아니면 그의 마음 깊은 곳에 왕이 되고 싶은 권력욕망이 있었던 것일까? 왕비의 벗은 몸을 자랑하고 싶은 왕의 욕망은 어리석은 것일까? 우리는 모두 기게스처럼 기회만 된다면 모든 수단과 방법을 동원해 성공하고 싶을까?

## 유튜브, 빨간 박스에 담긴 기게스의 반지

요즘 내가 기게스의 반지를 자주 떠올리는 것은 무서운 속도로 확장되고 있는 유튜브 열풍을 실감하면서이다. 대도서관, 도티, 펭수 등은 상위 1%에 드는 '갓튜버'들로 이들의 수입이 연일 화제가 되고 있다. 연간 10~20억을 버는 이들은 유튜버 사이에서뿐만 아니라 신자유주의시대를 살아가는 모든 이들에게 성공신화의 주인공들이다. 그것도 자기가 하고 싶은 일을 하며(게임, 메이크업, 먹방 등등) 억대 연봉을 번다니 모두가 선망하는 '셀럽' 그 자체이다.

이 모든 게 유튜브라는 빨간 박스에 개인방송을 올리며 시작되었다. 유튜브는 연예인이나 방송전문가가 아니라도 누구나 쉽게 방송을 올릴 수 있는 미디어 플랫폼이다. 유튜브에는 각기 자신들만의 방송스케줄을 갖는 무한한 콘텐츠들이 존재한다. '계모임에 나가기 위한 화장법'으로 유명해진 박막례 할머니처럼, 다양한 상황에 꼭 맞는 맞춤형 콘텐츠를 제공한다는 것이 유튜브의 매력포인트이다. 유튜브 속 '하우투'(How to) 콘텐츠의 확장력은 포털사이트의 검색 기능을 무력화시키고 있다. 이제는 궁금한 게 있다면, 초록창의 '지식인'이 아니라 빨간 박스의 '유선생'을 찾는다. 먹방을 보며 혼밥의 외로움을 달래기도 하고, 게임방송을 보면서는 게임 잘하는 친구를 둔 것 같은 뿌듯함과 친밀감을 느낀다. 무엇보다 이런저런 개인방송들로 자투리 시간을 무료함 없이 보낼 수 있다는 점이 유튜브의 최대 강점이다.

스타유튜버들이 말하는 성공의 비결은 확실한 콘텐츠의 정체성과 성실함이다. '도티TV'를 운영하는 도티의 일상은 이렇다. 오전 10시~오후 4시 방송 기획과 준비, 4~6시 촬영, 6~8시 편집, 8~9시 골든타임에 방송을 올리고 구독자들의 반응을 검토한다. 방송의 특성상 방송루틴을 지키는 것이 무엇보다 중요하기 때문에 매일 이러한 일정을 성실히 꾸준히 지키고 있으며, 휴가를 떠나려면 한 달 정도는 더 빡센 일정으로 소화해야 가능하다고 한다.「유튜브 크리에이터 도티 "10대의 마음을 사로잡는 비결"」,『채널예스』, 2018년 8월 16일. 여기에도 '고소득=과로'의 공식이 철저히 지켜지고 있는 셈이다.

우리집 작은 딸은 게임방송을 하는 '선바'의 팬이다. 철학과 학생인 선바는 게임뿐만 아니라 자신이 읽고 과제로 제출해야 하는 철학책에 대해서도 방송을 한다. 얼마 전에는『국가』의 트라쉬마코스의 의견을 반박하기 힘들다는 내용의 방송을 올린 바 있다. 철학의 '철'자도 모르면서 선바가 설명해 주는 '소선생님'(소크라테스)의 이야기에는 푹 빠져드는 딸의 모습을 볼 때마다 나는 생각이 많아진다. 자기가 좋아하는 게임을 하고, 그것으로 돈을 벌고, 과제를 하면서 또 돈을 버는, 선바는 세상 잘 만났구나! 혹시 선바도 오프라인에서는 방송 스트레스로 머리를 쥐어뜯고 있을까?

## 내 영혼의 '케르베로스' 길들이기

"신화에서 옛날에 살고 있었다는 키마이라나 스퀼라나 케르베로스 같은 괴물 가운데 하나를 만들어 보자는 말일세. 이런 것 말고도 여러 개의 형상이 하나로 결합된 것이 많았다고 전해 오고 있네. (중략) 그렇다면 얼룩덜룩하고 머리가 여럿이고 사방에 가축과 야수의 머리를 갖고 있을뿐더러 마음대로 변신할 수 있고 또한 스스로 이런 동물들을 낳을 수 있는 어떤 동물의 상을 하나 만들어 주게?"『국가』9권 588c; 『국가』, 529~530쪽.

잠시 『국가』 9권을 미리 읽어 보자. 유튜브라는 미디어의 새로움과 창의성을 '돈'으로 환산해서 무엇이든 하겠다고 달려드는 현대인들에게 소크라테스는 '괴물'의 형상을 소개한다. 이 괴물은 조각가의 놀라운 솜씨를 필요로 한다. 사자와 용과 염소가 합쳐진 키마이라와 지하세계를 지키는 케르베로스 등 전설에 등장하는 괴물들을 모두 합친 형상이다. 소크라테스는 이 기괴한 모습이 인간의 욕망이라고 설명한다. 우리의 욕망은 한도 끝도 없고, 점입가경의 기괴함을 갖고 있다. 오늘날 돈은 이 모든 욕망의 '마스터키'이다. 우리의 욕망은 밑 빠진 독이고, 그 욕망을 채워 줄 돈에 대한 욕망은 비대해질 수밖에 없다.

커져 가는 유튜브의 영향력만큼이나 부작용과 문제점에 대한 뉴스가 심심찮게 인터넷에 올라온다. 단지 관심을 끌기 위한 '어그로'들의 막말과 패륜영상은 청소년뿐 아니라 모든 이용자들에게 유해하지만 필터링 없이 제공된다. 고소득을 올리는 유아 유튜버들에게 상대적 박탈감을 느낀다는 성인들의 자괴감이 늘어 가고 있다. 여론을 호도하는 가짜 뉴스의 진원지로 정치평론가들의 유튜브가 지목되고 있다. 우리는 미디어의 영향력에 휩쓸리지 않고 미디어를 잘 활용할 수 있을까? 이것은 우리가 "욕망에 휘둘리지 않고 일상생활을 잘 꾸려 나갈 수 있는가?"라는 질문과도 같다.

어떻게 이것이 가능할까? '유선생'이 아니라 '소선생'은 말한다. 지성의 힘으로 유행에 연연하지 않고 자신의 생활준칙을 지켜 가는 철학이 가능하다고. "이것 보세요! 당신은 아테나이인이오. 당신의 도시는 가장 위대하며, 지혜롭고 강력하기로 명성이 자자하오. 하거늘 부와 명예와 명성은 되도록 많이 획득하려고 안달하면서도 지혜와 진리와 당신의 혼의 최선의 상태에 대해서는 관심도 없고 생각조차 하지 않다니 부끄럽지 않소?"플라톤,

「소크라테스의 변론」, 『소크라테스의 변론/크리톤/파이돈/향연』, 천병희 옮김, 숲, 2012, 44쪽.

2019년 기준 한국은 OECD 국가 중 자살률 1위, 노령화 1위, 노인빈곤율 1위로 위험사회로 진입한 지 오래다. 지금 우리에게는 물신주의와 소비문화로부터 스스로를 지켜 낼 방편이 필요하다. 마법의 투구와 방패를 가지고 괴물들을 물리친 전설 속의 영웅들처럼 우리에게도 기괴한 욕망을 다스릴 무기가 필요하다. 소크라테스와 플라톤은 그것이 스스로 자신의 영혼을 돌보는 자기 배려의 철학이라고 단호하게 말한다.

# 5

## 『국가』3권 국가와 개인

### —플라톤의 계급론에 분노하기 전에

## 철학은 디테일의 차이다

가장 정의로워 심지어 '불의한' 자처럼 보이는 자와 가장 정의롭지 못해서 심지어 '정의로워' 보이는 자의 인생을 비교해 보자는 글라우콘과 아데이만토스 형제의 제안을 소크라테스는 다시 리모델링한다.

시력이 좋지 못한 사람에게 먼 거리에 있는 작은 글씨를 읽도록 지시했다고 생각해 보자. 그가 혹시 다른 곳에 같은 글씨가 크게 적혀 있다는 것을 기억해 내서, 그것을 먼저 읽고 작은 글씨를 보게 된다면 훨씬 수월하게 읽을 수 있을 것이다. 소크라테스는 이런 이야기를 꺼내며, 개인의 정의를 살펴보기 전에 보다 큰 국가의 정의를 살펴보고 그것을 통해 개인의 정의를 정리해 보자고 제안한다. 이런 추론이 가능하려면 개인과 국가가 동일한 구조를 가지고 있다는 전제가 뒷받침되어야 한다. 그런데 이들의 대화에서 누구도 소크라테스의 새로운 제안에 이의를 제기하는 사람은 없다. 개인의 정의와 국가의 정의는 단지 '크기'의 차이만 있을 뿐인가?

그렇다면 오늘날의 우리는 어떤가? 일단 우리는 국가와 개인은 '공/사'의 구분이 필요한 관계라고 생각한다. 대부분 세금을 납부하고 복지 및 행정서비스를 제공받는 국민이라고 생각하지, 나와 국가를 동일시하거나 나와 국가의 운명이 직결되어 있다고 느끼는 사람은 거의 없다. 많은 사람들이 바라는 국가의 역할은 세금을 덜 부과하고, 공평무사한 행정처리가 이루어지도록 공무원을 관리·감독하는 일 정도이다. 그 밖의 '소비/연애/취업/취미' 등 많은 영역에서 개인의 판단이 국가의 개입으로부터 자유로워야 한다고 생각한다. 이런 '공/사'의 구분이 근대적 개인의 표상이다. 우리는 개인과 국가를 한순간의 망설임도 없이 치환해 버리는 소크라테스의 논리에서, 소크라테스와 플라톤의 시대와 우리 시대의 감각이 다르다는 것을 눈치챌 수 있다. 2,500년 전의 고대인과 우리는 어떤 감각의 차이를 가지고 있는 것일까? 이 디테일한 차이에 대한 확인이 우리가 지금 2,500년 전의 책을 읽는 이유이기도 하다.

## 세 가지 나라 — 돼지들의 나라, 부은 나라, 그리고 이상국가

플라톤은 국가의 정의를 논하기에 앞서 국가가 어떻게 만들어지게 되었는지 그 기원을 추론한다. 플라톤이 보기에 국가는 '필요의 산물'이다. 인간은 자급자족적인 존재가 아니기 때문에 생존을 위해서 다른 사람과 함께 살아야 한다. 그렇게 해서 모여 살게 된 것이, 플라톤이 생각하는 국가의 기원이다. 여기서 플라톤이 생각하는 국가의 원칙이 제시되는데, 각자 자기 일을 잘하는 사회적 분업이 그것이다.

여기 집을 잘 짓는 사람과 빵을 잘 굽는 사람, 그리고 농사를 잘 짓는 사람이 있다. 이들이 모두 똑같이 집을 짓고 빵도 굽고 농사를 짓는 것보다 각자 잘하는 일을 전담해서 하는 편이 서로에게 이익이 된다. 그러면 자연스럽게 한 국가의 규모가 만들어진다. 농부가 10명이면 제빵사는 20명, 건축가는 3명 정도의 비율로 다른 직업들이 모여야 국가의 자족성이 유지된다. 물론 국가의 자족성을 위해서는 대장장이, 제화공, 목수, 상인 등 보다 더 많은 직업군이 필요하다.

이렇게 국가가 유지될 수 있는, 즉 꼭 필요한 필수재로만 구성된 최소한의 국가에 대한 설명을 듣고 글라우콘과 아데이만토스 형제는 '돼지들의 나라'라고 실망한다. "소크라스테스 선생님, 국가는 그런 과정을 거쳐 만들어졌군요. 그런데 필요한 욕구만 충족될 수 있는 나라는 사는 재미라고는 찾을 수 없는 돼지들의 나라네요. 그보다 좀 풍요로운 나라는 없을까요?"

형제의 요청에 따라 소크라테스는 '사치스런 나라'의 기원을 추론한다. 사치스런 나라가 되려면 우선 먹는 재미가 있어야 하니, 고급 식재료와 향신료가 필요하고, 그것을 구해 오기 위해서는 국가 간의 교역이 있어야 하고, 멋진 요리를 담을 은식기와 도자기도 필요하다. 만찬에는 가수와 악사도 필요하다. 가수가 먹고살기 위해서는 순회공연을 다녀야 하는데, 나라의 규모가 크지 않으면 가수 한 명 먹여 살리기 힘들다. 결국에 사치스런 나라는 전쟁을 불러온다. 한 나라의 규모만으로는 사치재의 수급을 감당할 수 없기 때문에, 더 넓은 땅을 얻기 위한 정복전쟁이 필연적으로 벌어지게 된다.

국가의 기원에 대한 플라톤의 추론은 철저히 논리적 순서에 따른 것으로 역사적 순서를 고려하고 있지 않다. 역사 속에 플라톤이 제시한 나라는 없다. 플라톤은 이러한 국가의 기원을 통해 전쟁의 필연성과 전쟁을 전담할 수호자라는 직업의 필요성을 논리적으로 도출하고 있다. 전쟁은 국가의 자립과 자족의 결정적인 요인이기 때문에 수호자의 책임은 막중하다. 이 중요한 일을 누가 맡아야 할까? 플라톤이 생각하는 국가의 원칙은 각자 자기 일을 잘하는 것이기 때문에, 농부나 제빵사가 수호자를 겸업할 수는 없다. 플라톤은 수호자의 자질을 타고난 적임자를 찾아서 그에게 적합한 교육과 실전의 기회를 준다면 정의로운 국가가 실현될 수 있다고 생각했다. 이 소박한 기획이 플라톤의 '이상국가론'이다. 여기서 플라톤이 생각하는 국가의 정의를 정리해 보면 다음과 같다. 각자가 자기의 일을 잘하고 다른 일에 간섭하지 않는 것이고, 이것은 다시 치자-수호자-생산자가 갖추어야 하는 덕목인 지혜-용기-절제가 균형과 조화를 이루는 상태이다.

문제는 지혜-용기-절제의 균형과 조화가 이루어지기 어렵기 때문에, 사치스런 나라는 이상국가로 가지 못하고 의사의 치료가 필요한 '부은 나라'가 되기 십상이다. 플라톤의 시대에 아테네는 무절제가 넘쳐나는 염증의 나라였다. 곳곳에 질병과 분쟁이 끊이지 않았고, 스스로 자신의 삶을 조절하지 못한 사람들이 병원과 법정으로 몰렸다.

"무절제와 질병이 넘쳐나면 수많은 법정과 병원이 문을 열지 않을까? 그리고 수많은 자유민들마저 법과 의술에 심하게 열을 올린다면, 법과 의술이 으스대기 시작하지 않을까? (중략) 자네는 스스로 문제를 해결할 능력이 없어 주인이든 재판관이든 남들에게서 정의를 구해야 한다는 것은 부끄러운 일이며, 교육이 잘못됐다는 명확한 증거라고 생각하지 않는가?" 『국가』 3권 405a~b; 『국가』 184쪽.

"목수는 병이 들면 병을 치료하기 위해 의사한테서 약을 타거나, 토제(吐劑)나 소작(燒灼)이나 수술에 의해 병에서 벗어나기를 기대하지. 그러나 누가 그에게 장기치료를 처방하며 머리를 싸매고 있으라는 식으로 말한다면, 그는 대뜸 자기는 아플 시간이 없으며 본업을 소홀히 하고 자신의 간병에 모든 시간을 바쳐야 하는 삶은 살 가치가 없다고 말할 것이네. 그러고 나서 그는 그런 처방을 내린 의사와 작별하고 몸에 밴 섭생으로 되돌아갈 것이네. 그리하여 그는 건강을 되찾아 본업에 종사하든지, 아니면 몸이 너무 허약해져서 생을 마감함으로써 고통에서 벗어나게 될 걸세."『국가』 3권 406d~e: 『국가』 187쪽.

과로와 스트레스로 몸과 마음의 이상을 느끼고 있는 사람이라면, 위의 인용문을 읽고 플라톤의 시대와 우리 시대의 유사성에 '소름'이 돋았을지 모른다. 2,500년의 시차에도 불구하고 플라톤이 치료법을 찾기 위해 고심했던 아테네의 '염증'은 오늘날에도 계속되고 있다. 의사와 변호사가 지금도 인기 있는 전문직인 이유는 바로 그 때문이다. 의사와 변호사는 '부은 나라'의 엘리트들이다.

## 신화가 필요한 플라톤의 계급론

각자의 소질에 맞게 직업을 배분한다면, 손재주가 있고 만들기를 좋아하는 사람이라면 장인을, 가르치는 일을 좋아하는 사람이라면 교사를 맡으면 된다. 그런데 수호자의 소질을 갖춘 사람을 어떻게 구별할 수 있을까? 수호자는 용감하고 결단력 있으며 통솔력이 있어야 한다. 이것은 장인이나 교사의 소질처럼 눈에 띄게 변별되기 어렵다. 많은 사람들이 자신이 수호자에 적합하다고 착각할 수 있고, 스스로 수호자의 자질을 파악하지 못하고 다른 직업을 가질 수도 있다. 어쩌면 이것은 직업의 선택에서 누구나 한 번쯤 갈등하는 공통된 고민이기도 하다. 자신의 적성을 스스로 알아차리기 힘들다. 그래서 "누가 좀 정해 주면 좋겠어!"라는 의존적인 마음이 생긴다. 플라톤은 인간의 이런 나약한 마음을 이용해 직업 선택의 혼란을 해결할 수 있다는 '불온한' 상상력을 보여 준다. 만약에 태어날 때부터 직업이 정해져 있다고 생각해 본다면….

"신께서 여러분을 만들 때 여러분 가운데 치자로서 적합한 자들에게는 황금을 섞었는데, 이들이야말로 가장 존경스러운 자들이기 때문이오. 신께서는 보조자들이 될 자들에게는 은을, 농부들과 그 밖의 일꾼들에게는 무쇠와 청동을 섞었소. 여러분은 대개 여러분을 닮은 자식을 낳겠지만, 여러분은 모두가 동족이기에 때로는 황금 부모에게서 은 자식이 태어나고 은 부모에게서 황금 자식이 태어나는 등 다른 종류의 부모에게서 다른 종류의 자식이 태어날 수 있을 것이오. 신께서 치자들에게 부과한 일차적인 중대 임무는 치자들은 무엇보다 자손들의 혼 안에서 이러한 금속들이 어떻게 섞여 있는지 예의 주시하며 유심히 지켜보라는 것이오. 만약 그들의 자손 중한 명이 청동이나 무쇠가 섞여 있는 것으로 드러나면, 그들은 인정사정없이 그에게 본성에 적합한 사회적 지위를 주어 일꾼이나 농부 계급으로 강등시켜야 하오." 『국가』 3권 415a~c; 『국가』, 203~204쪽.

이 부분은 『국가』에서 가장 '악명 높은' 비난을 받는 부분이다. 직업을 타고난다는 운명론과 그것을 '금/은/동'의 위계로 표현하는 계급론은 수평적인 인간관계를 전제로 하는 근대사회에서는 더 이상 발붙일 데가 없는 봉건주의적 '망령'이다. 플라톤이 아무리 이상국가를 지향한다고 해도, '사람 위에 사람 있다'

는 계급론을 운명으로 받아들이라는 것은 우리에게 모욕감을 준다. 플라톤도 이러한 반응을 예상하고 있었기 때문에 『국가』 3권에서 계급에 대한 신화를 이야기하는 부분에서 상당히 망설이고 머뭇거린다. 우리는 플라톤이 쩔쩔매고 망설이는 지점에 주목할 필요가 있다. 그가 '신화-거짓말'까지 가져와 알리바이를 만들려고 하는 까닭은, 그만큼 중요한 논리가 이후 전개될 예정이기 때문이다. 플라톤은 다급한 마음에 카드모스가 연못의 용을 죽이고 흙에서 태어난 사람들과 힘을 합쳐 테베라는 국가를 만들었다는 전설을 이야기한다. 논리적으로 흙에서 사람이 태어난다는 건 말이 안 된다. 그런데도 사람들은 테베의 전설을 의심하지 않고, '흙'을 테베의 상징으로 받아들인다. 신화라는 것이 처음에는 황당하지만, 시간이 지나면 강력한 믿음의 체계를 만들어 낸다. 플라톤은 신화의 힘을 빌려서라도 의사나 변호사가 아니라 수호자라는 '다른 유형'의 엘리트가 필요하다는 것을 설득하고자 했다. 신화가 동원되고 있다는 점에서 플라톤의 이상국가론은 비현실적인 공상으로 치부될 수도 있다. 그러나 무리한 설정을 동원해서라도 현실정치를 바꾸고자 한 플라톤의 개혁의지에 대해서는 쉽게 비난할 수 없다.

## 계급 없는 사회의 차별과 배제, 플라톤에게 분노하기 전에

한국에서 성공하기 위해서 갖춰야 할 조건이 무엇인가를 묻는 설문조사에서 "학벌 11.5%, 개인의 역량 13.5%, 인맥 13.8%, 부모의 재력 41.0%"라는 결과가 나왔다.[*] 개인의 노력으로 신분 상승할 수 있는 계층 이동의 '사다리'는 더 이상 존재하지 않으며, 타고나지 않으면 인생역전이란 불가능하다는 체념이 청년들 사이에서 '수저론'으로 회자되고 있다. 금수저로 태어났다고 성공과 행복이 보장되는 것은 아니다. 구설수에 오르는 재벌 3세들의 '갑질'을 보노라면, 타고난 복도 제대로 지키기 어렵다는 것을 짐작해 볼 수 있다. 그러나 이건 어디까지나 쥐가 고양이 걱정하는 수준이고, 흙수저로 태어나 성공하기란 하늘의 별 따기다.

2018년에 개봉한 영화 〈상류사회〉에서 화제가 된 대사가 있는데, "재벌들만 겁 없이 사는 거야"라는 재벌가 딸의 조언이다. 무릎을 꿇고 선처 바란다며 머리를 조아리고 있는 주인공 수애 앞에서, 재벌가 딸은 '너 따위는 안중에도 없다'는 듯이 옷을 갈아입고 화장을 지운다. 수애는 재벌을 우습게 본 대가로 어떤 모

---

[*] 이정철, 「봉건제와 수저론」, 『경향신문』, 2018년 4월 18일자에서 재인용.

욕이라도 감수하겠다는 자세로 납작 엎드려 있다. 이런 이미지와 마주할 때, 확실히 '사람 위에 사람이 있다'거나 '사람이라고 다 같은 사람이 아니다'라는 현실 자각이 든다.

그러나 가십으로 오르내리는 금수저들의 갑질보다 더 자주 우리가 '계급'을 의식하게 되는 것은 일상생활에서이다. 택배, 청소, 서빙, 콜센터, 주차관리, 대리운전 등 수당이나 시급으로 임금이 계산되는 무수한 비정규직의 노동으로 우리의 일상생활은 유지된다. 같은 현장에서 같은 작업을 해도 정규직과 비정규직 간에는 급여, 휴가, 복지 혜택이 차등적으로 지급된다. 위험한 일자리는 외주화되어 열악한 취업 조건에 놓인 사람들에게 돌아가고 있다. 또 IT기술의 발달은 개인사업자인지 노동자인지 구별하기 힘든 플랫폼 비즈니스를 양산하고 있다. "근로기준법을 준수하라" 외치며 온몸에 불을 붙인 전태일의 시대로부터 50여 년이 지났지만, 오늘날에도 고용절벽과 취업한파를 직격탄으로 맞고 있는 젊은이들은 '청년 전태일'이라는 단체를 만들어 출구를 찾고 있다.

전태일의 시대로부터 그리고 플라톤의 시대로부터 우리는 그다지 멀리 떠나오지 못했다. 플라톤의 '금은동족 신화'가 계급론을 공고히 하는 이데올로기라고 분노하기 전에, 우리는 지금

현실에서 벌어지고 있는 일들에 대해 먼저 분노해야 한다. 오늘날 우리를 사로잡고 있는 '성공과 발전의 신화'는 계급사회와 다르지 않은 차별과 배제를 낳고 있다. 플라톤은 현실의 무절제와 혼란을 이상국가론으로 돌파하려 했다. 2,500년 후의 우리들 대부분은 '각자도생'(各自圖生)으로 살아남으려 안간힘을 쓰고 있다. 생존주의와 '먹고사니즘'은 우리 시대의 이데올로기로 자리 잡았다. 국가와 개인 또는 공동체와 개인을 이해하는 감각의 차이가 현실의 문제를 해결하는 해법의 차이를 가져왔다.

이 차이에도 불구하고 현실의 문제를 해결하고자 하는 플라톤과 우리의 위기의식은 동일하다. 플라톤은 국가의 정의가 곧 개인의 정의라고 보았다. 지혜-용기-절제가 균형과 조화를 이룬 상태가 국가는 물론 개인에게도 좋고 올바른 상태라고 생각했다. 플라톤의 기획은 오늘날과 같은 승자독식의 시대에는 시대착오적인 발상일까?

최근 초등학생들 사이에서 '휴거' '빌거' '이백충'이라는 신조어가 유행이라고 한다. 주택공사의 임대아파트 이름인 '휴먼시아'에서 비롯된 '휴거'는 임대아파트에 사는 저소득층을 '거지'라고 비하하는 말이다. '빌거'는 아파트가 아니라 다세대 주택인 빌라에 산다는, '이백충'은 부모의 월수입이 이백만 원 정도라는 협

오 표현들이다. 이런 혐오 표현을 쓰는 아이들의 부모는 저소득층이 아닐 것이다. 좋은 아파트에 사는 중산층 가정의 아이들이 왜 자기보다 형편이 안 좋은 친구들에게 저열한 표현을 써 가며 놀려 대는 일에 쾌감을 느끼는 것일까? 지혜-용기-절제가 사라진 시대의 섬뜩한 풍경이다. 서로가 서로를 견디지 못해 '거지'와 '벌레'라 부르는.

# 6

## 『국가』 4권 정치와 함께 윤리를

— 영혼을 돌보는 정치

## 플라톤의 플레이리스트 NO.1, 트와이스의 <YES or YES>

네 마음을 몰라 준비해 봤어

하나만 선택해 어서 YES or YES?

싫어는 싫어 나 아니면 우리?

선택을 존중해 거절은 거절해

선택지는 하나 자 선택은 네 맘 트와이스, <YES or YES> 가사 일부

오늘날 우리가 국가와 개인 가운데 무엇을 우위에 두어야 하는가 선택을 고민한다면, 플라톤에게 이런 고민은 선택의 여지가 없다. 아니 플라톤에게는 '국가 or 개인'이라는 선택지가 아예 없다. 이건 마치 트와이스의 〈YES or YES〉와 같은 논리이다. 물론 트와이스가 우리에게 'YES or YES'를 선택하라고 한다면, 우리는 0.000… 1초의 망설임도 없이 'YES'를 선택할 것이다(트와이스의 프러포즈를 거절할 이유가 어디 있는가?). "선택을 존중해 거절은 거절해/ 선택지는 하나 자 선택은 네 맘." 사랑 고백에서 형용모순으로 가득 찬 말들은 전혀 문제가 되지 않는다. '이렇게 말도 안 되는 논리를 들이댈 만큼 널 사랑해. 그러니 너도 날 사랑해야 해'라는 역설은 형식상으로만 비논리적이지, 내용상으로는

전혀 비논리적이지 않다. 연애는 흔히 이런 비논리적인 일방통행으로 시작된다. 플라톤의 이상국가에서도 이와 비슷한 일방통행식 논리가 발견된다.

"우리가 국가를 건설하는 목적은 한 집단을 특히 행복하게 만드는 것이 아니라, 국가 전체를 최대한 행복하게 만드는 것이라고 말할 걸세."『국가』 4권 420b; 『국가』, 209쪽.

플라톤의 이상국가에서는 모든 사람들에게 사유재산이 허용되지만, 예외적으로 수호자들에게는 사유재산이 허용되지 않는다. 어찌 보면, 자신의 부와 명성을 자식에게 남겨 줄 수 없는 수호자들은 이상국가의 통치자가 아니라 파수꾼이라 보는 것이 맞을 수도 있다. 플라톤에게 '금은동족 신화'가 필요한 이유는 수호자들에게 이러한 희생을 감수하라고 설득하기 위해서이기도 하다.

이렇게 수호자들의 희생을 기반으로 유지되는 이상국가는 국가 전체의 이익을 위해 개인의 희생을 강요하는 비윤리적인 국가라는 비판이 제기될 수 있다. 『열린 사회와 그 적들』칼 포퍼, 이한구 옮김, 민음사, 2006.의 칼 포퍼를 위시해, 근대사회의 구성원인 우리들에게 개인보다 국가가 우선시되는 플라톤의 이상국가는 전체주의국가로 다가온다.

그런데 우리가 부당하게 생각하는 개인의 희생을 플라톤은 '희생'이 아니라 '자기배려'라고 말한다. 각자 자신의 역량을 단련하는 개인이 없다면 국가는 존재할 수 없고, 국가가 없다면 개인은 자신의 역량을 단련시킬 현장을 갖지 못한다. 국가 안에서 개인은 자신의 역량을 단련시킬 수 있고, 이러한 개인들의 역량이 곧 국가의 역량이 된다. 따라서 플라톤에게 '국가 or 개인'의 선택은 상상할 수 없는 선택지이다. 개인은 국가 안에서 성장하고 국가는 개인 없이 존립할 수 없다. 이것이 아리스토텔레스가 정리한 '인간은 폴리스적 동물이다'라는 명제의 핵심 내용이다. 국가와 개인은 전체와 부분의 포함관계일 뿐만 아니라, 서로를 조건 지어 주는 상호의존적 관계라는 것이 플라톤과 아리스토텔레스와 같은 고대인들에게는 상식이었다.

인간은 폴리스 안에서 폴리스적 동물이 된다. 기원전 399년에 아테네에서 열린 재판에서 소크라테스는 사형을 자처했다. 많은 사람들이 벌금형이나 추방형을 권고할 때, 소크라테스는 어떤 타협도 없이 사형을 고집했다. 칠십 나이의 소크라테스에게 자신이 나고 자란 아테네를 떠나 외지에서 이방인으로 살아간다는 것은 죽음과 다르지 않다는 것을, 소크라테스는 잘 알고 있었다. '아테네 사람' '스파르타 사람' '코린토스 사람'과 같은 분류는 단지 지리적 위치에 따른 구분이 아니라 역사와 문화를 포함해 생활양식 전체를 포함한 구분이었다. 영화 〈300〉에서 스파르타의 왕 레오니다스가 페르시아제국의 '불멸의 부대'와 맞서 싸우다 전사하는 장면을 떠올려 보자. 그는 사랑하는 아내나 아들의 이름이 아니라 짧고 굵게 '스파르타'를 외치고 죽음을 맞는다. 레오니다스에게 '스파르타'는 그가 사랑한 모든 것들의 총합이었다.

'탈조선'을 외치며 시급이라도 많이 주는 외국으로 워킹홀리데이를 떠나려는 청년들이 늘어나는 오늘날, 우리가 고대인들의 '폴리스-국가-공동체'에 대한 애착을 이해한다는 것은 쉽지 않은 일이다. 그렇다면 폴리스(국가와 공동체)와 자신을 분리해서 생각하는 우리는 어떻게 '폴리스적 동물', 곧 어떻게 '정치적 인간'이 될 수 있을까? 오늘날 우리에게 준칙이 된 각자도생을 우리 시대의 정치라 말해야 할까? 아니면 정치의 실종이라고 말해야 할까?

## 소울(SOUL) 충만한 이상국가, 생산자들의 '영혼의 돌봄'

플라톤의 이상국가론에서 국가와 개인의 상호의존적 존재론과 함께 주의 깊게 살펴봐야 하는 것이 '영혼의 돌봄'이라는 윤리의 문제를 정치와 과감하게 연결시키고 있는 부분이다. 오늘날 우리가 국가의 기능이라고 생각하는 경제·안전·복지는 플라톤의 이상국가론에서는 숙고되어야 하는 주요 정책이 아니다. 플라톤의 이상국가에서 유일하고도 주요하게 다뤄지는 국가 정책은 '교육'이다. 플라톤은 시민을 스스로 자신을 다스릴 수 있는 사람으로 가르치고 기르는 일이, 국가가 모든 역량을 동원해서 힘을 써야 할 유일한 정책이라고 보았다.

그래서 플라톤의 정치철학은 정치공학적이기보다는 교육학적이다. 그럼에도 불구하고 우리에게 플라톤의 이상국가론은 '철인치자-수호자-생산자'의 정치공학적 도식으로 각인되어 있다. 칼 포퍼가 그러했듯이, 우리는 플라톤의 이론이 계급 간 이동을 금지한다는 점에서 비민주적이라는 부정적 판단을 내리기 쉽다. 플라톤은 정말 엘리트의식에 사로잡힌 '편견대마왕'일까?

'철인치자-수호자-생산자'의 사회적 분업이 적절히 구축되기 위해서는 각 개인의 '영혼의 돌봄'이 전제되어야 한다. 그래야 각자 자신이 맡은 사회적 분업을 이해하고 그 역할을 충실히 수행할 수 있다. 플라톤의 이상국가론을 철인이 지혜롭고 수호자가 용기 있어야 한다는 '엘리트론'으로 독해해서는 안 된다. 이러한 오독에는 생산자들도 지혜롭고 자신의 신념을 보존할 수 있는 용기가 있어야 비로소 절제가 가능하다는 사실이 간과되고 있다. 구두를 만든다고 모두 제화공이 되는 것은 아니다. 제화공이 전문가가 되기 위해서는 자신의 기술에 대한 지혜와 신념을 지켜 가는 용기 그리고 생산과 판매를 조절할 수 있는 절제가 뒷받침되어야 한다. 『동네 헌책방에서 이반 일리치를 읽다』윤성근, 산지니, 2018. 와 『시골빵집에서 자본론을 굽다』와타나베 이타루, 정문주 옮김, 더숲, 2014. 의 저자들처럼 지혜롭고 자신의 신념을 지켜 가는 용기 있는 시민들이 플라톤이 이상적으로 생각한 생산자의 모습이다. 수호자뿐만 아니라 생산자에게도 철학이 필요하다.

## 부와 빈곤, 위험한 공존

플라톤은 '영혼'의 관점에서 '정치'를 전망하고 있다. 그렇다면 이상국가의 '위험'은 어디에서 오는가? 일꾼들을 타락시켜 나쁜 일꾼이 되게 하는 것은 무엇인가?

"자네는 도공이 부자가 되고 나서도 여전히 생업에 전념할 것이라고 생각하는가?"

"아니오" 하고 그가 말했네.

"그는 전보다 더 게을러지고 소홀해지겠지?" (중략)

"반면 그가 가난해서 생업에 필요한 도구나 다른 물건들을 마련하지 못한다면, 그가 만든 제품은 질이 떨어지고, 그의 아들들과 도제(徒弟)는 열등한 장인이 될 걸세."

"왜 안 그렇겠어요?"

"그러니 가난과 부는 둘 다 장인들이 만드는 제품과 장인들 자신을 더 열등하게 만드네." 『국가』 4권 421d~e; 『국가』, 211~212쪽.

플라톤은 부는 사치와 게으름을, 빈곤은 노예근성과 기술의 퇴보를 가져오는 것으로 정의하며, 수호자들은 부와 빈곤이 나라 안으로 숨어드는 일이 없도록 감시해야 한다고 강조하고 있다. 부와 빈곤은 생산자들이 절제하지 못할 때 도래하는 '부은 나라'의 정의롭지 못한 현실이다. 플라톤은 '크게 성장하는 강대국'을 이상적인 국가로 상정하고 있지 않다. '지혜-용기-절제-정의'가 조화를 이루는 나라는 계속해서 성장해 가는 강대국이 아니라, 시민들이 '하나라고 인식할 수 있는 규모'를 갖춘 국가이다. 잉여와 결핍이 없는 적절함이 유지될 수 있는 정도가 이상적인 국가의 크기이다.

그 규모는 어느 정도일까? 플라톤은 이상적인 시민의 수를 5천 명이라고 보았다.H.D.F. 키토, 『고대그리스, 그리스인들』, 박재욱 옮김, 갈라파고스, 2008년, 102쪽.* 시민이 5천 명이라면, 여성과 아이, 노예, 그리고 체류외국인을 포함한 전체 인구는 그 4~5배라고 추정할 수 있다. 플라톤은 그 정도의 인구가 서로의 얼굴을 알아보고, 파르테논 신전에서는 어떤 행사가 치러지는지 정보를 공유할 수 있는 규모라고 생각했다. 따라서 유동인구가 1천만 명에 이르는 메트로폴리스(대도시)에서는 "친구들은 모든 것을 공유한다"『국가』 4권 424a; 『국가』, 216쪽.는 폴리스의 정치는 구현되지 못한다.

플라톤은 극단적으로 거기엔 서로 적대 관계에 있는 두 개의 나라, 즉 "가난한 자들의 나라와 부자들의 나라가"『국가』 4권 423a; 『국가』, 214쪽. 있다고 말한다. 이해관계가 다른 부자와 가난한 자는 결코 서로를 동료로 생각할 수 없다는 의미이다. 이를 하나의 나라라고 규정할 때, 문제를 제대로 해결하지 못하는 오류를 가져온다. 신자유주의시대, 빈익빈 부익부의 양극화는 모두가 두려

---

* 실제로 당시 시민의 수가 5천 명인 폴리스는 흔하지 않았고, 그보다 작은 폴리스가 더 많았다. 따라서 플라톤이 생각한 폴리스의 규모는 현실적인 크기였다고 볼 수 있다.

위하는 사회적 위기이지만, 그 해법은 각자의 입장에 따라 증세와 감세로 나누어진다. 경기가 불황이라고 모두가 살기 어려운 것은 아니다. 1997년 대한민국 '국가부도의 날' 무수한 중소기업이 도산을 했고, 몇몇 기업은 약탈적 인수합병으로 몸집을 키웠다. 누군가의 위기가 누군가에게는 기회가 됐다.

## 지나치지 말라, <SKY캐슬>과 『사당동 더하기 25』

2019년 화제가 되었던 <SKY캐슬>은 '부의 대물림'을 보여 주는 드라마이다. 부모의 직업(의사, 법조인, 교수 등)을 자식들에게 물려주기 위한, 상위 0.1% 집안의 '넘사벽' 교육 열풍을 풍자 및 범죄 장르와 결합시켜 매회 자극적인 이슈를 가져왔다. 입시전문 코디의 수십억 원대 몸값을 비롯해서, 가정불화마저도 입시의 수단으로 활용하는 상위 0.1% 사람들의 치열한 삶의 태도를 일별할 때, 나와 같은 서민들에게 드라마 속 현실은 '그들만이 사는 세상'처럼 느껴진다. 내가 우리 집 아이들이 대학을 나오고 정규직이 되어 제 앞가림을 하는 안정된 생활을 소망할 때, 그들은 자신들의 인맥과 자원을 총동원해서 대대손손 자신들의 부가 유지되기를 소망한다. 그들의 대물림 구조는 치밀하고 견고하다.

사회학자 조은의 『사당동 더하기 25』또하나의문화, 2012.에도 견고한 대물림 구조가 기술되고 있다. 1986년부터 25년간, 사당동 재개발 사업과 철거가 빈곤가구에 미치는 영향을 사회학적으로 규명하려 한 조은의 시도를 담고 있는 『사당동 더하기 25』에는 4대에 걸친 빈곤의 대물림이 기록되고 있다. 사당동 철거 후 상계동 임대주택으로 옮겨 온 정금선 할머니 가족의 생활은 여전히 사회적 안전망 바깥에 있다. 급하게 돈이 필요하면 노동력, 주민등록증, 대포 통장은 물론 몸까지… 팔 수 있는 건 다 판다. 일수, 외상, 계에서 카드깡, 대포차, 러시앤캐시로 이들의 가난은 더욱 제도화된 금융 자본주의로 편입되었다.

가난한 사람들은 누구보다도 세계화의 직접적 영향권 안에 있었다. '세계화된 가난' 또는 '가난의 전 지구적 확산'이라고 이름 붙일 만큼 가난한 사람들의 일자리와 임금은 국경을 넘나드는 이주 노동의 영향을 받았고 결혼 상대를 찾는 일마저 세계화의 영역 안에 있다. 영세 업체들은 싼 임금을 찾아 모두 이주 노동자와 결혼 이주 여성을 고용하면서 이윤 남기기를 시도한다. 빈곤층의 남성들은 배우자로 결혼 이주 여성을 맞고 '다문화'라는 또 다른 빈곤 문화 범주를 추가하고 있다. 금선 할머니 집에도 수일 아저씨와 영주 씨 2대에 걸쳐 '다문화 가정'을 만들었다.조은, 『사당동 더하기 25』, 312쪽.

부와 빈곤의 견고한 대물림이 일어나고 있는 지금 이곳에는 영혼을 돌보는 정치가 부재하다. '너 자신을 알라'는 소크라테스의 말은 델피 신전의 기둥에 적힌 글귀로 그리스 사람들 사이에 전래하는 도덕적 가르침이다. 델피 신전의 기둥에는 '지나치지 말라'와 '대가를 지불하라'는 두 가지 글귀가 더 적혀 있다. 이 가운데 '지나치지 말라'는 다른 두 가지를 아우르는 경계의 말이다. 피타고라스의 고향 사모스 섬에는 특산품으로 유명한 술잔이 있다고 한다. "이 술잔은 물이 적정 수준을 넘으면, 아예 다 쏟아지도록 고안됨으로써, 넘침, 즉 지나침의 어리석음"박종현, 『헬라스 사상의 심층』, 서광사, 2001, 42~43쪽.을 사람들에게 일깨워 주고 있다. 그리스의 축제와 제사에 쓰이는 희석용 동이 역시 '적절함'의 가치를 보여 주는 커다란 항아리이다. 포도주와 물의 배합을 적절히 해야, 많은 사람들이 함께 마실 수 있고 적당한 취기를 즐길 수 있다. 이러한 균형과 조화가 그리스 사람들이 생각하는 '좋은 삶'의 지침이었고, 실천적 생활철학이었다. 그리스 비극에서 인물들이 파국을 맞게 될 때 깨닫게 되는 것이 '휘브리스'(hybris, 오만함)인데, 인간의 한계를 이해하지 못한 지나친 행위들이 비극을 가져 왔다는 각성이다.

각자가 윤리적인 인간이 되지 못할 때 정치는 무용하다는 플라톤의 생각 자체가 오늘날에는 낯설다. 당대에도 플라톤의 생각은 현실 정치에 반영되지 못했다. 그러나 플라톤이 운영한 공동체 아카데메이아에서는 학비를 비롯한 생활비 전액이 무료였고, 친구의 것은 모두의 것이라는 공유의 원칙이 적용되었다. 아카데메이아에서 공부만큼 중요한 일과는 공동식사였다. 공부를 같이하지 않더라도 같은 공동체의 일원으로서의 공감대를 형성하기 위해 식사를 같이하는 것이 중요한 원칙이었다. 공동식사는 플라톤이 이상적이라고 생각한 국가공동체 스파르타의 오랜 전통으로, 스파르타에서는 검소한 생활이 공동체의 윤리로 자리 잡았고 사치는 부덕으로 치부되었다. 먹고 마시는 일과 사유재산을 늘려 가는 일이 공동체로부터 명예로운 일로 인정받지 못하면, 사람들은 다른 가치 있는 일을 찾게 된다. 영혼 돌봄의 정치는 돈이 아니라 다른 가치와 명예를 경쟁하는 사회에 대한 상상력을 자극하고 추동한다. 오늘날 이러한 정치는 불가능한 꿈일까?

입시 정책과 부동산 정책이 아닌 다른 이슈들——차별금지

법, 기후 위기와 환경, 사회안전망 구축, 배리어 프리(barrier free;
고령자와 장애인이 편하게 살아갈 수 있도록 물리적·제도적 장벽을
제거하는 정책) 등이 '보여주기식' 정책이 아니라 뜨거운 정치적
현안이 될 때, 우리는 교육과 부의 재생산에서 벗어난 다른 가치
와 다른 정치를 생각해 볼 수 있다.

# 7

## 『국가』5권 미투(me too) 없는 이상국가

—동굴과 벽장, 정상과 평범의 프레임을 넘어

## '여가여배', 여자가 가르치고 여자가 배운다

『국가』 5권의 주요 내용은 플라톤의 '남녀평등설'과 '처자공유설'로, 플라톤의 이론에서 가장 급진적이라 할 수 있는 부분이다. 플라톤은 남녀의 성차에 대해 아이를 생기게 하는 사람과 아이를 낳는 사람 정도의 차이가 있다고 생각했다. 그 밖의 차이에 대해서는 그것을 성차로 보는 것은 적합하지 않다는 입장이다. 구두 장인의 일을 대머리냐 장발이냐 하는 헤어스타일의 차이에 따라 자격을 논할 수 없는 것처럼, 수호자의 자격도 남녀의 성차로 구분하는 것은 바람직하지 않다고 보았다. 즉, 수호자의 자질과 교육에 적합한 사람이 있다면, 그가 남자든 여자든 상관하지 않겠다는 말이다. 그러니까 플라톤의 이상국가에는 여자에게만 차별적인 '유리천장'은 없다.

소크라테스: 한 여자는 체육에도, 전쟁에도 능하나, 다른 한 여자는 비호전적이고 체육도 싫어하지 않겠는가?

글라우콘: 저로서는 그렇게 생각합니다.

소크라테스: 어떤가? 한 여자는 지혜를 사랑하나, 다른 여자는 지혜를 싫어하겠는가? 또한 한 여자는 격정적이나, 다른

여자는 소심하겠는가?

글라우콘: 그 또한 그렇습니다.

소크라테스: 그러니까 한 여자는 수호자의 자질도 갖추었으나, 다른 여자는 그렇지 못하다네. 우리가 선발한 수호자다운 남자들의 성향도 이런 게 아니었는가?

글라우콘: 분명히 그런 것이었습니다.

소크라테스: 그러므로 여자고 남자고 간에 나라의 수호와 관련해서는 그 성향이 같다네.

『국가』 5권 456a(원문을 대화체로 변형함); 『국가』, 275~276쪽.


그러므로 여자 수호자들이 체력 단련을 위해 남자 수호자처럼 옷을 벗고 체육 훈련을 받는 것은 '추하다'는 비웃음을 받을 일이 아니라고 플라톤은 『국가』 5권에서 쓰고 있다. 여기서 우리는 플라톤의 시대에도 플라톤의 생각이 일반적이지 않다는 점을 눈치챌 수 있다. 플라톤이 설계하고 있는 이상국가에는 남녀차별이 없지만, 그 시대에도 현실에서는 여자가 남자와 같이 체육관에서 옷을 벗고 체력 단련하는 일은 꼴불견이라고 생각했다. 그렇다면 오늘에는 어떨까?

'여가여배'는 '여자가 가르치고 여자가 배운다'를 슬로건으로 내세운 스포츠커뮤니티의 이름이다.신한솔, 『살 빼려고 운동하는 거 아닌데요』, 휴머니스트, 2019. 여자 레슬링을 소재로 한 인도 영화 〈당갈〉을 보고 운동하는 여자가 아름답다고 생각한 친구 두 사람이 '여가여배'를 기획했다. 1장 주짓수, 2장 농구, 3장 스케이트보드로 진행된 '여가여배'는 기획자들 스스로도 놀랄 만큼 폭발적인 호응을 받았다. 본인들이 여자 사범에게 운동을 배우기 위해 클래스를 열 수 있는 최소 인원을 모집하려 시작한 '여가여배'에는 생각보다 빠르게 참가 문의가 쇄도했다. 이러한 반응에 기획자 두 사람은 신바람이 났지만 기쁘지만은 않았다고 한다. '여가여배'의 흥행 성공은 여자들이 마음 편히 운동할 공간이 얼마나 없는지를 여실히 반증해 주기 때문이다.

두 사람은 '여가여배'의 최고의 순간으로 여자 30여 명이 동시에 농구공을 튕기던 순간이라고 대답했다. 가끔 여자 한두 명이 끼어 있는 모습을 볼 수 있었지만, 우리 기억 속에 체육관, 학교 운동장, 공원 농구장은 남자들의 성역이었다. 마치 운동장과 스포츠가 '남성용 세트'인 것처럼. 에어로빅, 수영, 요가, 헬스 등 몇몇 분야를 제외하고는 여자가 운동을 배우고 즐길 수 있는 인프라는 매우 제한적이다. '남성 전용'이라는 표지가 붙어 있지는 않지만, 성장기 여학생이 남자 사범에게 유도와 태권도를 배우는 일에는 말로 표현하기 힘든 애로사항이 많다.

최근 화제가 되었던 체육계 미투(me too)는 모두에게 충격을 가져다주었다. 올림픽 금메달리스트이고 국가대표인 여자 선수들이 남자 코치들에게 지속적인 성폭력을 당해 왔다는 뉴스는 한국이 얼마나 '남성 중심 사회'인지를 다시 한번 확인시켜 주는 리트머스종이와 같았다. 여자 선수들이 탁월한 기량을 발휘하는 양궁이나 탁구 같은 종목에서도 코치와 감독 등 지도자는 대부분 여자가 아니라 남자다. 한국 체육계는 '국가대표급' 맨스플레인(mansplain)을 유감없이 보여 주고 있다.

## 플라톤은 페미니스트일까?

2,500년 전에도 그리고 지금도 여자가 마음껏 밤거리를 활보하고, 운동을 하고, 지도자가 되는 일이 쉽지 않다는 점을 고려할 때, 『국가』에서 보여 주는 플라톤의 젠더감수성은 페미니스트들에게 박수를 받을 만하다. 그러나 플라톤을 페미니스트라고 부르기에는 머뭇거려지는 점이 많다. 사회적 약자인 여성에게 보여 준 그의 '젠틀한' 태도는 또 다른 사회적 약자인 장애인에게는 적용되지 않는다. 장애를 갖고 태어난 아이는 곧바로 없애 버

리는 것이 공동체 전체에 이익이 된다는 그의 입장은 단호하다. 플라톤에게 장애는 한 개인의 '차이'나 '특성'이 되지 못하고 마땅히 차별받아야 하는 열등함으로 치부된다. 페미니즘은 여성과 남성의 관계를 살펴보고, 여성이 사회 제도 및 관념에 의해 억압되고 있다는 것을 밝혀내는 사회적·정치적 운동과 이론을 포괄하는 용어이다. 이를 '여성주의'로 번역할 수 있지만, 여성보다 중요하게 다루어져야 하는 것은 사회 구조적 불합리와 불평등을 문제적으로 바라보는 '소수자의 관점'이다. 장애를 갖고 태어난 아이에게 그에 따르는 불이익을 감수하라는 태도는 부당하다. '동굴의 우화'를 통해 편견에 사로잡힌 사유를 바로잡고자 역설했던 플라톤도 장애에 대한 자신의 편견을 인식하지는 못했다.

그렇다면 소수자에 대한 배려가 부족했던 플라톤은 어떻게 여성에게는 차별 없는 인식을 가질 수 있었던 것일까? 왜 플라톤은 여자 수호자를 인정할 만큼 여성에 대해 수평적 사고를 가져야 한다고 주장했던 것일까? 수호자들의 사유재산을 금지해야 탐욕으로부터 자유로운 윤리적 엘리트가 길러질 수 있다고 생각한 플라톤의 도식을 기억해 보자. 처자공유제는 이러한 플라톤 도식의 다른 표현이다. 자식에게 이름이든 재산이든 물려줄 수 없는 수호자의 세계는 사유가 아닌 공유의 방식으로 꾸려질 수밖에 없다. 자식과 부인도 공유의 대상이 된다. 이때 남매간의 교합이 이루어진다면 인륜에 벗어나는 일이기 때문에, 구조적으로 남매들 간에는 서로의 상대가 되지 않도록 정교한 조작이 개입되어야 한다.

조작은 조작을 낳는다. 조작은 탁월한 수호자에게 자식을 낳을 수 있는 기회를 더 많이 제공하는 방식으로 변형될 수도 있다. 결국 탁월한 수호자에 대한 플라톤의 과도한 열정은 요즘 논란이 되고 있는 '유전자 맞춤 아기'와 같은 발상으로 이어지고 있다. 탁월한 수호자의 출산을 위해서는 여자 수호자의 존재는 필수적으로 인정되어야 한다. 따라서 플라톤의 여성에 대한 수평적 인식은 젠더감수성이 아니라 필요의 산물이라는 것을 알 수 있다.

공동체 전체의 이익을 위한다는 명분 아래, 우등과 열등에 대한 선별작업을 인위적으로 도입하겠다는 플라톤의 이상국가는 공개되어서는 안 되는 조작에 기대어 있다는 점에서 위험하고 위태롭다. 누군가에게 이 기밀이 누설된다면 어떤 일이 펼쳐질까? 비밀경찰이 활약하는 감시국가를 필요로 하게 되지 않을까? 이런 추론을 따라가다 보면, 우리는 플라톤의 이상국가가 유토피아라기보다는 디스토피아에 가깝다는 느낌이 들며 당혹스러워진다.

들뢰즈는 플라톤의 작업을 '철학의 오디세이아'라고 명명한 바 있다.들뢰즈, 『들뢰즈가 만든 철학사』, 박정태 옮김, 이학사, 2007, 20쪽. 페미니스트가 될 수 없는 플라톤에게 실망하여 그의 철학을 그로테스크한 유토피아주의로 성급히 봉인하지는 말자. 플라톤의 오디세이아는 아직 항해를 마치지 않았다. 우리는 이제 남녀평등설과 처자공유설이라는 두 번의 파도를 넘었을 뿐이다. 세번째 파도가 우리를 기다리고 있다.


## 독사(doxa)와 대결하는 플라톤과 페미니스트, 벽장을 나오다

플라톤이 페미니스트는 아니지만, 그에게도 페미니스트와 닮은 구석이 있다. 내가 생각하는 페미니스트는 "이거 이상하지 않아?"라고 질문을 던지는 사람이다. 많은 남자들이 성범죄 논란에 대해 억울함을 토로한다. 모든 남자가 다 그렇지는 않다고. 왜 자신들을 잠재적 범죄자 취급하냐고. 그런데 왜 모든 여자는 그런 일을 겪을까? 이 수학적 오차에 대해 질문을 던지는 사람들이 페미니스트들이다. "잘 생각해 봐. 네가 의식하지 못하고 있는 성희롱이나 데이트폭력이 있는 거 아냐?" 단체톡방에서 장난삼아 오가는 '얼평'(얼굴 평가)이나 애인에 대한 과도한 집착은 모두 성범죄다. 플라톤은 이렇게 생각 없이 이치를 따져 보지 않고 내뱉는 말과 의견을 '독사'(doxa)로 부르고 자신의 철학이 대결해야 하는 '라이벌'로 생각했다.

생각 없이 내뱉는 말이라고 모두 거짓은 아니다. 독사는 거짓일 수도 진실일 수도 있다. 두 가지 가능성을 모두 갖고 있는 불확실한 진술이라는 점이 독사가 갖는 특징이다. 독사의 한계를 알고, 독사를 사용한다면 문제될 것이 없다. 문제는 독사를 진리로 오인할 때 발생한다. 일상생활에서 우리가 주고받는 말은 대부분 독사이다. 이걸 자신의 경험에 의한 제한적인 생각과 말이라는 것을 감안하고 표현한다면, 편견에 갇힌 사람이 되지 않을 수 있다. "요즘은 남자가 더 힘들어. 이득 보는 것도 없고." "여혐이 남혐 때문에 심해지던데." "여자는 의무는 피하고 권리만 챙기잖아." "페미니즘보다 휴머니즘이 중요한 것 아니야?" '아무 말대잔치'가 펼쳐지는 페미니즘 논쟁을 보고 있노라면 독사의 위력이 얼마나 큰지 곧바로 이해할 수 있다.

2016년 강남역 살인사건으로 촉발된 페미니즘 열풍은 나에게 '스펙터클'로 다가왔다. 미러링, 미투, 혜화역 집회, 문단 내 성폭력을 다룬 『참고문헌없음』참고문헌없음 준비팀, 2017.의 출판으로 이어지는 일련의 사건 속에서 나는 구경꾼이거나 방관자의 위치에서 그 주위를 기웃거렸다. 오고가는 말들의 진위를 파악하기 어려웠고 상황에 대한 판단이 즉각적으로 서지 않았다. 어느 세대보다 평등하게 아들딸 차별 없는 교육을 받아 온 20대들이 남녀 불문하고 구세대와 다르지 않은 문법의 성 대결로 맞서고 있는 상황이 나는 이해되지 않았다.

'나는 여자인데 왜 20대 여성들처럼 분노하지 않지?' 그건 아마도 이성애자 기혼여성으로서 나는 그들만큼 불안하지 않거나 절실하지 않았기 때문이다. 모두가 핸드폰을 사용하고, 가는 곳마다 CCTV가 설치되어 있지만 범죄예방은 더욱 어려워진 시대, 반면에 개인정보와 사생활은 너무나 빠르게 SNS에 노출되는 사회. 이러한 기술과 네트워크 환경의 변화와 무관하게 살아갈 수 있는 나의 세대경험이 20대 여성들의 공포와 분노에 공감하지 못하는 간극을 만들었다. 부끄럽지만, 그동안 결코 모르지 않았던 관행들에 대해 묵인하고 있었다는 사실과 그것이 나에게 올지도 모르는 불이익을 피하기 위한 생존방식이었음을 인정한다. 나에겐 싸움의 기술이 부족했고, 맷집이 없었다.

동성애자들이 자신의 성정체성을 밝히는 용어인 커밍아웃은 'coming out of closet'의 줄임말이다. 곧 이성애자인 척 가장

하거나 동성애자가 아닌 척 위장했던 '벽장'으로부터 나온다는 의미이다. 커밍아웃한 레즈비언 한채윤은 '나온다'는 의미보다 '벽장'의 의미에 주목할 것을 요청한다.권김현영·루인·정희진·한채윤·참고문헌없음준비팀,『피해와 가해의 페미니즘』, 교양인, 2018, 131쪽. 무엇이 그들을 벽장에 가두었나? 그들을 가둔 벽장은 내가 살고 있는 현실이다. 이성애가 '정상'이고 '평범'이라는 프레임을 만드는 벽장이다. 그렇다면 벽장을 나오는 일은 동성애자만의 문제가 아니다. 내 평범하고 무탈한 일상이야말로 '퀴어'를 차별하고 억압하는 범죄현장이다. 누군가를 벽장에 가두고 별일 없이 산다는 것, 평범함에도 독사가 각인되어 있다.

한채윤은 주류사회의 차별시스템은 좀 더 정교해져서 커밍아웃을 인정하고 '커버링'(covering: 주류에 부합하도록 타인이 선호하지 않는 정체성의 표현을 자제하는 것)*으로 가고 있다고 지적하고 있다. 결혼과 입양 등 '제도' 자체에 문제를 제기하거나, 사회 통합 시스템에 브레이크를 걸지 말고 '조용히 지낼 것'을 명령한다는 것이다. 동성애자임을 티내고 과시하지만 않는다면 묵인하고 넘어가겠다는 논리이다. 나는 '커버링'이라는 용어에서 남

---

* '커버링'에 대해서는 『경향신문』 2020년 1월 6일자 기사 「아닌 척, 그런 척… 내가 왜 '커버링'을 하냐면」을 참조.

자 선생님-선배-상사-남편으로 둘러싸인 시스템 속에서, 그들에게 나의 여성성을 표나게 드러내지 않도록 억제했던 내 모습을 발견한다. '그로테스크한 유토피아'는 플라톤의 『국가』가 아니라 바로 지금-여기의 현실로 건재하다. 플라톤이 나가려 했던 동굴과 내가 나가려는 벽장은 동일한 독사의 세계이다. 어떻게 탈출할까? 우리가 잠시 잊고 있는 플라톤의 세번째 파도가 벽장을 탈출하는 데 유용한 도구가 될지 모른다.

# 8

## 『국가』6권 좋음의 이데아

— 세상의 모든 음악을 듣는 시간

## 해가 질 무렵의 라디오, 세상의 모든 음악

저녁 6시, 운전 중 강변북로나 내부순환도로에 있다면, 내 차의 라디오 주파수는 고정이다. 93.1MHz 〈세상의 모든 음악〉은 전기현 진행자의 "오늘 하루도 수고 많으셨습니다"라는 멘트로 시작된다. 가로등이 하나둘 켜지고 줄지어 서 있는 차들의 빨간 미등의 행렬과 해가 저물어 가는 하늘의 붉은 구름 사이로 들려오는 〈세상의 모든 음악〉은 오늘도 하루가 지났다는 허무함과 안도감을 동시에 가져다준다. 그때 차 안은 외부로부터 차단된 독립공간이 된다. 사람들과의 부대낌 없이, 오해와 불신 없이 오롯이 내 마음을 알고 있다는 듯 칠레나 코르시카의 전통악기로 연주되는 음악이 들려올 때 마음 한편이 뭉클해진다. 프로그램 속 코너인 '저녁이 꾸는 꿈'이나 '여행자의 노트'를 듣고 있으면 내가 찾아가는 곳이 집이 아니라 아일랜드의 작은 마을이나 시칠리아의 항구인 것 같은 설레는 마음이 들기도 한다.

행복과 기쁨보다 더 많은 절망과 이별을 노래하는 음악들이 나지막이 들려올 때, 피로로 곤두선 감각과 신경이 누그러지고 독기를 품었던 감정에서도 해독작용이 일어난다. 그리고 누군가 나를 위해 위로가 될 수 있는 음악을 고르고 이야기를 들려주기 위해 노력하고 있다는 사실에 문득 감동받게 된다. 음악을 고르고, 책 속의 문장을 찾고, 영화의 장면들을 살펴보았을 그들의 안목에 눈물 한 방울 똑 떨어질 만큼 고마운 마음이 든다. 기타의 풍성한 사운드를 살려내고, 고혹적인 탱고의 선율을 찾기 위해 그들은 얼마나 많은 시간을 음악 속에서 서성거렸을까? 아마도 그들은 라틴 아메리카의 눈물과 노르웨이의 숲, 그리고 해질 무렵의 노을을 잘 아는 사람들일 것이라고 짐작해 본다.

플라톤의 『국가』6권에서 주요하게 다뤄지는 것이, 〈세상의 모든 음악〉 제작진이 갖고 있는 좋은 안목에 관한 내용이다. 플라톤은 이상국가가 헤쳐 가야 하는 난관을 파도의 비유를 통해 설명하고 있는데, 첫번째 파도는 남녀평등설이고 두번째 파도는 처자공유설이다. 6권에서 드디어 세번째 파도인 철인왕의 문제가 거론된다. 플라톤의 이상국가는 철학자가 통치자가 되어야 완성된다. 왜 철학자가 통치자가 되어야 하는가? 음악, 여행, 영화, 청취자 사연 선정 등 라디오 프로그램을 운영하기 위해 무수한 결정을 해야 하는 제작진처럼, 철인왕에게도 공동체의 공동선을 유지하기 위한 안목이 요구된다. 통치자는 법률의 제정과 수호, 기타 국가의 내외사와 관련하여 필요한 결정을 내리는 일을 한다. 이 같은 작업들에서 공동체 전체의 좋음이 이루어질 때, 그를 진정한 의미에서 통치자라 부를 수 있다. 플라톤은 이걸 가능케 하는 것이 철인왕의 '좋음의 이데아'에 대한 앎이라고 보았다.

## 그것이 알고 싶다, 좋음의 이데아

플라톤은 우리의 감각기관을 통해 경험하게 되는 세계를 '가시(可視) 세계'라고 분류하고, 가시 세계에서는 무수한 변화와 생성이 일어나고 그것에 따른 의견(doxa)들이 넘쳐난다고 보았다. 한편, 감각기관이 아니라 사유 능력에 의해 인식하게 되는 세계를 '가지(可知) 세계'라고 분류하고, 가지 세계에서는 변화와 생성의 근거와 그것에 대한 앎(epistēmē)이 존재한다고 보았다. 가시 세계에서 우리는 많은 것들을 본다. 그런데 '눈'의 시각 능력과 보이는 '대상'이 존재한다고 해도, 우리는 볼 수 없다. 여기에 '빛'이라는 제3의 존재가 필요하다. 그리고 빛이 있기 위해서는 '태양'의 존재가 전제되어야 한다. 이처럼 우리가 어떤 대상을 인식하기 위해서는 플라톤이 빛이란 비유로 설명하고 있는 '척도'(진리)와 그 척도를 보증해 줄 '근거'가 필요하다.

'대상-눈-빛-태양'은 플라톤식 인식론의 도식으로, 여기서 태양의 비유를 통해 설명하고 있는 것이 좋음의 이데아이다. '이데아'는 변하지 않고 영원히 존재하는 '형상'을 이르는 플라톤의 개념으로, 현상세계의 변화무쌍한 존재들의 '원형'을 말한다. 현상세계에는 무수한 삼각형이 존재하지만, 삼각형의 이데아는 하나만 존재한다. 그런데 생각해 보면 많은 이데아들이 있다. 삼각형의 이데아, 빨강의 이데아, 책상의 이데아, 음악의 이데아, 정의의 이데아 등 영원불변하는 많은 이데아들이 있다. 이 이데아들의 원형이 '좋음의 이데아'이다. 좋음의 이데아는 이데아들의 이데아이고, 척도들의 척도이다.

태양의 비유를 통해 플라톤의 인식론에서 좋음의 이데아가 전제되어야 한다는 사실을 이해할 수 있지만, 논리적으로 이해한다고 해서 좋음의 이데아가 무엇을 말하는 것인지 저절로 이해되는 것은 아니다. '척도들의 척도' '좋음 그 자체'로 번역될 수 있는 좋음의 이데아는 도대체 무엇을 말하는 것인가? 모든 이데아들의 교집합과 같은 좋음의 기준은 어떤 것인가? 잠시 『티마이오스』플라톤, 박종현·김영균 옮김, 서광사, 2010.로 우회해서 그 의미를 파악해 보자.


우주를 구성한 이가 본(本)들 가운데 어떤 걸 바라보면서 우주를 만들어 내는지, 말하자면 '똑같은 방식으로 한결같은 상태로 있는 것'을 바라보면서 그랬는지, 아니면 생성된 것을 바라보면서 그랬는지를 말씀입니다. 만약 이 우주가 과연 아름답고 이를 만든 이(demiourgos) 또한 훌륭하다면, 그가 영원한 것을 바라보고서 그랬을 것이라는 건 분명합니다. (중략) 왜냐하면 생겨난 것들 중에서 가장 아름다운 것이 우주이며, 원인들 중에서도 가장 훌륭한 것이 그걸 만든 이이기 때문입니다. 우주는 바로 이렇게 해서 생겨났기에, 그것은 합리적 설명과 지혜에 의해 포착되며 '똑같은 상태로 있는 것'에 따라 만들어졌습니다.『티마이오스』 29a; 『티마이오스』, 78~79쪽.

플라톤의 다른 대화편 『티마이오스』에는 우주가 생성되는 과정을 데미우르고스의 신화로 설명하고 있다. 플라톤식의 창조 신화이다. '장인'을 의미하는 데미우르고스라는 명명에서 알 수 있듯이, 이 신화는 데미우르고스가 주어진 재료들을 가지고 지금과 같은 모습으로 우주를 만드는 과정을 보여 준다. 장인에게는 주어진 재료들을 가장 좋은 상태가 되도록 설득하는 과정을 거치는 노력이 필요하다.『티마이오스』 48a 이 '설득'이라는 표현이 의미하는 바는 무엇인가? 장인이 어떤 모양과 용량이 가장 적당한지를 측량하고, 측량에 따라 재료들을 섞고 나누고 버무리는 과정으로, 무엇이 좋은지 헤아리고 선택하는 숙고가 결합된 실천이다. 플라톤은 이렇게 해서 만들어진, 규격과 규칙이 있는 상태와 그 최적의 비율을 '좋음'이라고 말한다.

플라톤은 데미우르고스의 작업이 완벽한 법칙과 질서를 만들어 낸 까닭은 그에게 제작의 표본이 된 완벽한 '본'이 있었기 때문이라고 본다. 따라서 데미우르고스는 '본'(좋음의 이데아)을 볼 수 있는 지성과 그것에 따라 주어진 재료를 다루는 솜씨, 즉 이론과 실기 두 가지를 모두 아우르는 기술을 갖추고 있어야 한다. 이는 이상국가에서 철인왕에게 요구되는 기술인 통치술에도 동일하게 적용된다. 전문가를 제자리에 배치하고, 적절한 인구 수와 세금을 계산하고, 시민들이 화합할 수 있는 제전의 규모를 결정하기 위해, 철인왕은 정의의 이데아와 그것을 집행할 수 있는 실천 능력을 모두 보유하고 있어야 한다. 무엇보다 그는 '좋음'이 무엇인지 아는 사람이어야 한다.


**앎과 삶, 사람들은 모두 좋은 것을 추구한다**


레시피가 있으면 초보자도 요리를 할 수 있다. 그러나 그 맛은 천차만별이다. 재료들의 신선도와 씻고 다듬는 과정, 불의 세기와 조리 시간 등 고려해야 하는 변수가 많다. 이 모든 것을 레시피대로 계량한다고 해도 계절의 변화에 따라 맛은 또 달라질 수 있다. 맞춤한 간의 음식을 우리는 '맛 좋다'라고 평가한다. 보기 좋다, 듣기 좋다, 쓰기 좋다 등 우리가 두루두루 사용하는 '좋다'에는 가치 판단이 포함되어 있다. 그 기준이 무엇인지 명확히 표현하지 못할지라도, 나름의 척도와 측량이 이루어지고 있다.

〈세상의 모든 음악〉의 좋음에는 풍부한 음악적 해석뿐 아니라 하루가 저무는 저녁의 정서와 불완전한 인생에 대한 통찰이 포함되어 있다. 나는 산책을 하거나 일기를 쓰는 것처럼 라디오를 들으며 하루를 마무리하는 시간을 가지려고 노력한다. 하루의 일과를 돌아보며 사실보다는 감정에 휘둘렸던 순간들을 반성하고, 사람들과 소통하지 못하는 간극이 있다는 사실을 체념하는 것이 아니라 인정하려 한다. 라디오 청취자로 그런 시간을 갖는 것이 나에게 좋다고 판단하기 때문이다.


"어떤가? 이 또한 분명하지 않은가? 정의와 아름다움과 관련해서는 많은 사람이 실재가 아닌 겉모양만을 취하여 행하고 소유하며 그렇게 보이기를 원하지만, 선(좋음─인용자)과 관련해서는 겉모양만 소유하는 것으로 만족하는 사람은 아무도 없고 누구나 다 실재를 추구하되 그렇게 보이는 것을 경멸한 다는 것 말일세.”『국가』 6권 505d; 『국가』, 370쪽.

『국가』 6권에서는 정의와 아름다움과는 다른, '좋음'만의 고유한 특징이 소개되고 있다. 정의와 아름다움에 있어 사람들은 겉모양만을 취하여 그럴듯하게 보이는 것에 만족하기도 한다. 그러나 '좋음'은 그런 '그럴듯함'이 허용되지 않는다. 좋아한다면 그것을 실제로 추구하게 된다. 아이는 사탕을 좋아하는 척하는 것이 아니라 진짜 좋아하고, 화가는 풍경을 좋아하는 척하는 것이 아니라 진짜 좋아하기 때문에 작품으로 남긴다. 사람들은 모두 자신이 좋다고 판단하는 것을 추구한다. 플라톤 철학에서 좋음의 이데아가 중요한 까닭은 이것이 진리를 인식하는 문제일 뿐 아니라 진리가 우리의 일상을 능동적으로 이끌어 가는 실천과 곧바로 연결되기 때문이다.

인간의 삶은 욕망과 행동의 체계라 할 수 있는데, 욕망과 행동이 좋은 것들을 지향하고 추구한다는 점에서 우리의 삶은 좋음들의 체계라고 규정할 수 있다. 계기적으로 일어나는 인간 삶의 단편적인 동작들을 하나의 원리에 의해 통합하는 것은 이성과 좋음의 이데아이다. 누구도 알고서는 악을 행하지 않는다. 악을 행한다면 그는 무지 때문이라는 플라톤의 지행합일론적 입장은 이런 문맥에서 이해할 수 있을 것이다.남경희, 『플라톤: 서양철학의 기원과 토대』, 아카넷, 2013, 259쪽.

고대적 사유에서는 인식이 삶과 무관하다고 결코 생각지 않았다. 실천과 무관한 진리라는 것도 낯선 개념이었다. 그것이 진리라면 삶을 변화시킬 수 있다고 생각했고, 변화시키기 위한 실천을 이끌어 냈다. 플라톤의 좋음의 이데아 개념에는 알면서 악을 행할 순 없고, 안다면 당연히 좋음을 추구할 수밖에 없다는 윤리의식이 자리잡고 있다. 플라톤이 그리는 이상국가의 설계도가 실현 가능성의 문제와 별개로 의미를 가지는 이유 또한 여기에 있다. 이상국가가 좋다고 판단한다면, 사람들은 이상국가를 추구하지 않겠는가? 사람들이 각자의 무지와 편견의 동굴 밖으로 나와 태양을 볼 수 있다면, 좋은 것을 추구하게 되지 않겠는가?

**플라톤의 작업실과 연장들**

플라톤의 이데아론은 모든 사물과 현상에는 근거가 있어야 한다는 '원리'에 대한 고찰이다. 이는 사물과 현상은 근거가 있어야 존재할 수 있다는 존재론이며, 근거가 있어야 인식할 수 있다는 인식론이기도 하다. 이와 같이 원리에 대한 논의를 '형이상학'이라고 한다. 플라톤은 하나의 영원한 근거가 있다고 보았다. 근거가 하나 이상의 다수가 되면 파악할 수 없는 혼돈(카오스)을 가져온다고 생각했기 때문이다. 카오스가 아닌 상태, 근거에 의해 질서 지어진 상태가 코스모스다.

물론 반대 의견도 가능하다. 플라톤주의를 전복시켰다고 평가받는 니체의 철학이 그러하다. 니체가 보기에 세계는 카오스의 연속이다. 일시적인 코스모스의 교체가 반복되고 있기 때문이다. 니체는 세계를 존재하게 하는 원리를 근거가 아니라 코스모스의 교체를 가져오는 '힘들의 의지'라고 보았다. 힘들의 대결에 의해 근거는 만들어지고, 근거는 늘 힘들의 대결 가운데 있다. 니체는 플라톤의 근거의 '근거'는 무엇인지 따져 물으며 근거 자체의 '근거 없음'을 날카롭게 지적했다. 플라톤이 태양과 같은 존재인 근거가 있어야 한다고 주장한 아폴론적인 철학자라면, 니체는 그러한 근거를 해체하는 디오니소스적인 철학자이다. 나는 두 사람이 모두 망치를 든 철학자라고 생각한다. 플라톤은 건축을 위해, 니체는 해체를 위해.

나는 플라톤의 철학을 연장을 만드는 장인의 작업실이라고 비유하고 싶다. 플라톤의 페르소나인 소크라테스는 늘 '정의'(定義)로부터 대화를 시작한다. 현상과 사물의 진위를 파악하기 전에 점검해야 하는 것이 대상의 개념이다. 대화자들의 합의에 의해 정의를 확정하고, 논박을 통해 진위를 판단한다. 이때 진위를 판별해 줄 척도가 필요하다. 플라톤은 철학이라는 작업을 하기 위해서는 연장이 필요하다는 사실을 처음으로 깨달은 사람이다. 망치, 대패, 톱, 줄자 등등 그는 철학의 도구적 개념을 만드는 장인이었다.

인공지능과 가상현실의 시뮬레이션이 일상 속 깊이 들어온 오늘날 이데아와 좋음의 이데아는 불필요한 개념처럼 느껴질 수도 있다. 그러나 인공지능 상품을 고르고 가상현실 게임을 할 때도 우리는 여전히 나름의 '좋음'의 기준을 가지고 선택한다. 요모조모 살펴보고 가치를 측정하는 우리의 저울질에는 우주를 제작하는 데미우르고스의 작업과 닮은 구석이 있다. 클릭 하나로 무수한 쇼핑리스트가 펼쳐지는 사이버네틱스 현실에서 선택은 더 어려워지고 있다. 무엇이 우리에게 이로운가? 그 선택과 판단의 기준은 무엇인가? 플라톤의 작업실에서 우리에게 필요한 연장을 찾아보는 것도 나쁘지 않은 선택이라는 생각이 든다.

# 9

## 『국가』7권 시(詩)
—날마다 새로워지는 오래된 노래

## 철인왕 사관학교의 커리큘럼

『국가』7권에서는 동굴의 비유를 통해 이데아와 현실을 이분법적으로 구분하고 있는 플라톤의 인식론과 이것을 철인왕의 교육 방법에 적용한 커리큘럼이 제시되고 있다. '철인왕 사관학교'의 커리큘럼을 알아보자.

이 사관학교에 들어오려면, 음악과 체육 수업으로 이루어진 예비학교에서 철인왕(수호자)에 적합한 학생이라는 인증을 받아야 한다. 십대 청소년들은 예비학교에서 음악교육을 통해 부드러움과 조화, 그리고 균형의 감각을 몸에 익힌 다음 체력 단련으로 들어간다. 체력 단련으로 근육이 단단해지면 그것을 교정하기 어렵기 때문에, 단단해지는 수업을 유연해지는 수업 다음에 배치하고 있다. 음악교육은 오늘날의 구분에 따르면 역사교육이며 문학교육이기도 하다. 음악교육의 내용이 호메로스의 서사시와 당대 유행한 비극이기 때문에, 음악교육에서는 멜로디와 리듬 수업뿐 아니라 가사 내용을 통한 역사와 문학 수업이 동시에 이루어진다(이는 『국가』3권에서 다루고 있다).

여기서 플라톤은 변덕스러운 신(황소와 거위로 변신하여 여인들을 유혹하는 제우스를 보라)이나 격정에 울부짖는 전사(트로 이전쟁 영웅 아킬레우스는 친구의 죽음으로 인해 슬픔에 빠져 식음을 전폐한다)의 모습은 교육에 도움이 되지 않기 때문에, 검열을 거쳐 교과서에서 제외시켜야 한다는 보수적인 입장을 보인다. 학생들에게 신은 '영원한 진리'의 표본으로 자리 잡아야 하고, 무릇 전사라면 감정에 연연하지 않는 기개 있는 모습을 보여 주어야 한다는 것이 플라톤의 교육적 신념이다. 어떻게 보면 이건 아이들에게 좋은 것만 먹이고, 입히고, 보여 주려는 요즘 부모들의 생각과도 비슷하다. 그러나 신들에 대해 다양한 해석을 금지하거나 감정을 철저히 배제하려는 플라톤의 생각은 너무 '꼰대'스럽다. 검열제도에 대해서는 거부감마저 든다. 이처럼 플라톤의 교육개혁안에는 개혁이라는 말이 무색할 만큼 보수적인 성격이 강하다. 형용모순 같지만, 플라톤은 보수적인 개혁가이다.

음악과 체육으로 수학 능력을 인증받은 철인왕 후보자들은 다음과 같은 수업 과정을 거치게 된다. 대수학, 기하학, 천문학을 배우는 기초과학에 10년, 변증법을 배우는 철학에 5년. 이 과정에서 우수한 성적을 낸 모범생들에게는 15년의 현장실습 기회가 주어진다. 행정·사법·군사 관련 현장에 투입되어 실무를 익히고 통치에 대한 안목을 기른 다음, 최우수 학생으로 선발된 '최후의 1인'이 철인왕으로 등용된다. 이 모든 과정을 마치려면 '최연소 철인왕'이라 하더라도 나이가 오십대에 이르게 된다. 그러니까 타고난 금수저라도 철인왕이 되려면 꽤 오랫동안 연습생 시절을 보내야 한다. '낙하산'은 불가능하다.

철인왕 사관학교의 '꽃'은 변증법 수업이다. 변증법 이전에 이수하는 대수학, 기하학, 천문학 학습을 통해 수, 공간, 운동에 대한 지식과 이해를 갖춘 다음에야 변증법을 익힐 수 있다. 도대체 변증법이 무엇이기에 플라톤은 모든 학습의 정점에 변증법을 배치한 것인가? 변증법은 '질문하고 대답하는 논의의 기술 또는 과정'이다. 다른 사람에게 어떤 사물을 설명하고, 그 사람으로부터 그 사물에 대한 설명을 끌어내고 이해할 수 있게 되는 것을 가리킨다. 이것은 『국가』에서 소크라테스가 대화자들과 함께 어떤 개념의 정의로부터 시작해 서로의 이해를 나누고 합의해 가는 '대화술'을 학문으로 체계화한 것이기도 하다.

진리를 획득하는 유일한 방법은 한 발짝씩 나아가는 방법, 매 발짝마다 다음 발짝으로 나아가기 전에 우리 자신의 것이 되도록 하는 방법, 그리고 이 목적을 위해서는 질문하고 대답하는 과정이 자연스러운 방법이라는 확신을 말한다. 더 나아가서, 마음으로부터 진리를 끄집어내고 마음에 진리를 넣어 주는 자연스러운 방법은 질문하고 대답하는 일이라는 그의 생각은, 교육은 상자를 채우듯이 마음에 무엇인가를 넣어 주는 일이 아니라 영혼의 눈이 빛을 향하도록 돌려놓는 일이라는 그의 생각과 연결되어 있다. (중략) 학습을 하고자 하는 사람은 책 속의 사실들을 마음속에 집어넣기만 해서는 안 된다. 스스로 자기 자신과 질문하고 대답하는 일을 해야 한다.R. L. 네틀쉽, 『플라톤의 국가론 강의』, 276쪽.

## 플라톤의 역습, 호메로스식 교육을 멈춰라

플라톤의 교육 체계를 정리해 보면 호메로스로 시작해서 소크라테스로 끝나는 공부라는 것을 알 수 있다(음악[시]-체육-과학-철학). 그런데 처음과 끝을 장식하는 두 대가에 대한 대접에 있어 플라톤은 지극히 편파적이다. 소크라테스의 변증법은 모든 공부의 정점에 왕관처럼 놓여 있다. 반면 호메로스에 대해서는 『국가』 10권에서 반 권의 분량을 할애해서 시에 대해 비판하고 '시인추방론'을 주장할 만큼 반감을 드러내고 있다. 솜털 하나에도 온몸에 두드러기가 나는 복숭아 알레르기처럼, 플라톤은 시적 감수성을 분해하는 호르몬이 분비되지 않는 특이체질인 것일까? 왜 플라톤은 시에 대해 이토록 거부반응을 보이는 것일까?

"그렇지만 우리가 시한테 완고하고 세련되지 못했다는 비난을 듣지 않기 위해, 철학과 시는 옛날부터 사이가 나빴다는 사실을 시에게 말해 주기로 하세. (여러 시편에서 철학에 대해—인용자) '주인을 향해 깽깽 짖어 대는 개'라든가, '어리석은 자들의 쓸데없는 잡담으로 우쭐대는 자'라든가, '지나치게 영리한 자들의 떼거리'라든가, '어쩌다 거지가 되고 말았는지 섬세하게 사색하는 자들'이라든가 그 밖의 수많은 험담들이 철학과 시 사이의 오랜 불화를 입증해 주고 있으니 말일세." 『국가』 10권 607b; 『국가』, 563쪽.

철학과 시의 불화의 역사는 길다. 플라톤에 따르면, 시에 대한 철학의 적대보다 철학에 대한 시의 폄하가 먼저 있었다. 뿐만 아니라 철학에 대한 시의 조롱은 호메로스의 시대로부터 오래도록 권위를 인정받아 왔다. 플라톤이 문제를 제기하는 것은 바로 이 권위에 대한 부분이다. 따라서 플라톤의 시에 대한 비판은 시라는 장르가 아니라 교육과 통치에 있어 호메로스의 시가 절대적 영향력을 행사하던 당시의 관행에 대한 반발과 저항이라는 측면에서 주목해 보아야 한다.

호메로스의 『일리아스』천병희 옮김, 숲, 2015.는 전쟁영웅 '아킬레우스의 노래'라고만 말할 수 없다. 『일리아스』에는 군법, 전리품의 분배, 선박의 조정, 의술, 장례 절차, 경기 운영 등 공동체의 규범과 생활양식이 총망라되어 있다. 당대 사람들은 아킬레우스의 비극적 운명에 눈물을 흘리며 동시에 공동체의 생활규범을 학습했다. 호메로스의 시는 공동체 인식의 보고로, 윤리학·정치학·역사학·기술에 대한 일종의 백과사전이었다.에릭 A. 해블록, 『플라톤 서설』, 이명훈 옮김, 글항아리, 2011. 오늘날 인터넷 검색을 통해 정보를 수집하듯, 고대 그리스인들은 호메로스의 시에서 필요한 정보를 찾아야 했다. 따라서 시인은 암기력이 뛰어난 장인이며 가인(歌人)인 동시에 교육자이며 정치적 지도자의 역할을 담당했다. 공동체의 역사와 규범은 시인의 기억을 통해 보존되고 전달될 수 있었다.

시인의 비범한 기억력은 많은 기술을 요했다. 운율과 추임새, 율동과 가창력이 자유자재로 구사될 때에야 완벽한 기억력이 발휘될 수 있었다. 시인들은 많은 기예를 갈고 닦아야 했는데, 시와 기예가 하나가 되었을 때에야 퍼포먼스는 청중들에게도 몰입과 일체감을 가져왔다. 이 일치의 순간에 대해 '시시콜콜 따지고 드는 일'은 궁상맞은 짓거리로 보일 수밖에 없었고, 이러한 이유로 철학자의 지반은 옹색할 수밖에 없었다. 록밴드 퀸 (QUEEN)의 콘서트에서 '떼창'을 부르는 청중들에게 음악비평가의 코멘트 따위가 귀에 들어올 리 없다.

플라톤이 경계하고 있는 것은 시의 감응력이 갖는 놀라운 파급 효과였다. 시인이 기량껏 자신의 기예를 발휘할 때, 청중들은 빠르게 퍼포먼스에 빠져들었다. 몰입은 쾌감을 강화하고 도취와 열광의 분위기를 만들어 낸다. 물론 시가 불순한 의도에서 이런 메커니즘을 갖게 된 것은 아니다. 문자가 없던 시절의 기억술은 암송에 의존할 수밖에 없었는데, 암송 특유의 감응력은 음악과 같은 마취 효과를 가져왔다. 호메로스의 시대와 달리 플라톤의 시대는 문자가 상용화되고, 전달의 매체가 암송에서 문자로 교체되었다. 플라톤은 새로운 매체에 맞는 새로운 교육법은 호메로스식 몰입과 일체의 학습이 아니라 묻고 따지는 철학에 의해 혁신되어야 한다고 생각했다. 호메로스의 시에 대한 플라톤의 역습은 이러한 혁신의 기획 아래 놓여 있었다.

플라톤은 노래와 연극을 즐기지 않는 공부벌레였을까? 그렇지 않다. 한때 비극작가를 꿈꾸었던 플라톤은 예술적 감수성이 충만한 '문청'(文靑) 시절을 보냈고, 신화와 전설 애호가로서의 면모가 그의 대화편에도 흔적으로 남아 있다. 그의 또 다른 대화편 『크리톤』플라톤, 「소크라테스의 변론/크리톤/파이돈/향연」, 천병희 옮김, 숲, 2012.
에는 사형선고를 받고 감옥에 수감 중인 소크라테스가 등장하는
데, 소크라테스의 꿈속에서 신은 '소크라테스여! 노래하라'는 명
령을 내린다. 죽음을 앞둔 소크라테스는 신의 명령에 따라 노래
를 짓는다. 플라톤은 왜 자신의 대화편에서 철학자 소크라테스
의 마지막 작업이 음악이었다는 것을 은폐하지 않고 드러내고
있을까? 시와 철학의 거리는 그리 멀리 떨어져 있지 않을지 모른
다. 혹자는 말한다. "시와 철학이 서로 적대적인 관계로 부딪치는
것은, 둘이 모두 낮은 수준에 있을 때이다. 위대한 철학자와 위대
한 시인들은 서로를 적대적 관계에 있는 것으로 느끼지 않는 것
이 규칙이 되어 있다."에릭 A. 해블록, 「플라톤 서설」, 342쪽. 어쩌면 플라톤
은 이러한 공공연한 비밀을 모르는 척 연기하며, 한편으로는 호
메로스를 비판하고 다른 한편으로는 호메로스의 역할을 이어 가
려 한, 위대한 시인에 가까운 존재가 아니었을까?


## 젊은 시인들의 역습, 책 밖으로 나온 시들

호메로스와 플라톤의 시를 둘러싼 쟁점을 정리하다 보니, 지금
나에게 시는 무엇인가? 라는 질문이 생겼다. 지금 내가 접할 수

있는 시는 〈쇼미더머니〉나 〈고등래퍼〉에 나오는 랩 가사가 전부
라는 생각이 들어 신간 시집 몇 권을 주문했다. 그리고 지하철을
탈 때마다 스마트폰 대신 시집을 꺼내 읽어 봤다. 지하철 손잡이
가 흔들릴 때마다 머릿속에서는 물음표가 늘어났다. 이건 도대
체 무슨 말인가?

"새가 시라는 은유는 몰라요 시가 개라는 은유도 몰라요 누
군가 시를 쓴다면 그건 그냥 시예요 (중략) 잘할 수도 있지만 잘
못하기로 했어요."<sub>황인찬,「멍하면 멍」</sub>* 김수영의 시 「절망」을 차용하고
있는 황인찬의 이 시는 당당히 시작(詩作)을 게을리 하겠다고 선
언하고 있다. 시어를 갈고닦아 삶에 대한 통찰과 직관이 빛나는
시만이 좋은 시인가 반문하며, 무위(無爲)의 시작을 보여 준다.
"너는 이제 거의 시인처럼 보인다 너는 은유를 쓰지 않는다 너는
이제 거의 시인처럼 보인다 너는 싸늘한 겨울 주머니에 담뱃갑
이 든 코트를 부여잡지 않는다 (중략) 너는 이제 거의 시인처럼
보인다 너는 저기 굴러다니는 작은 사물들이야말로 진정 아름다
운 것이라 말하지 않는다"<sub>「너는 이제 시인처럼 보인다」</sub> 황인찬은 우리가
흔히 시라고 생각하는 문법과 관념을 폐기하고 시인과 독자가

---

* 이하 황인찬의 시들은 모두 황인찬, 『희지의 세계』, 민음사, 2015년에서 인용함.

모두 알지 못하는 지점으로 자신의 시를 데려다 놓는다. "어린 나는 어두운 복도를 지나 무작정 집을 나선다 어디로도 향하지 않았는데 자꾸 어딘가에 당도하는 것이 너무 무섭고 이상하다"「이것이 시라고 생각된다면」── 이 무섭고 이상한 기분이 황인찬 시의 '맥거핀'이다. 거기에 무엇이 있는지 모호하지만, 우리의 시선은 자꾸 거기로 끌려간다.

황인찬이 많은 것을 지워 가는 방식으로 낯선 시를 보여 준다면, 문보영은 독특한 스토리텔링으로 낯선 시의 또 다른 수준을 보여 준다. "신이 거대한 오리털 파카를 입고 있다 인간은 오리털 파카에 갇힌 무수한 오리털들, 이라고 시인은 쓴다 이따금 오리털이 삐져나오면 신은 삐져나온 오리털을 무신경하게 뽑아 버린다."「오리털파카신」* 문보영은 유한한 존재로서의 인간의 운명을 한없이 가벼운 오리털로 '퉁쳐' 버리는 개그로 독자들을 어리둥절하게 만든다. '문보영월드'에는 이상한 도서관이 있다. 사람들이 세상에 존재하는 모든 책을 다 읽어 버리면 더 이상 읽을 책이 없을까 봐, 도서관은 모든 책의 1권을 지하창고에 숨긴다. 그래서 이 도서관 이용자들은 독서를 시작할 수 없다.「호신」 이런 뚱딴

---

* 이하 문보영의 시들은 모두 문보영, 『책기둥』, 민음사, 2017년에서 인용함.

지같은 이야기를 피식 웃어넘기려 하다, 움찔 놀라 생각을 멈추게 되는 시와 마주치기도 한다.

> 끝, 하고 발음하면
> 자연히 웃는 입 모양을 하게 된다
> 그래서 웃을 줄 모르는 아이에게
> 웃는 법을 가르칠 때
> 끝을 발음해 보도록 하면 좋다
> (중략)
> 기어코 웃고야 마는 네 속에는 끝이 많구나
> 알약을 털어 넣는 순간 뒤로 꺾이는 목의 각도로
> 끝과 끝이 서 있는 곳에서
>
> 문보영, 「끝」 부분

문보영의 첫 시집 『책기둥』을 읽다 보면 젊은 시인의 엉뚱발랄함은 세상물정 모르는 천진난만함이 아니라 '끝'을 바라보는 자의 진지한 포즈라는 것을 이해할 수 있다. 문보영은 『책기둥』에서 기호와 수식, 과학의 법칙과 판타지 등 '시 아닌 것들로 이루어진 시'의 컬렉션을 전시하고 있다. 문보영의 유튜브 채널

'어느 시인의 브이로그'에 들어가 보면, 피자 한 판을 먹기 위해 매일 시 1.3편을 써야 하는 시인의 경제학이 유머러스한 일기로 표현되고 있다. 브이로그를 통해 관찰되는 문보영의 일상에서는 마트 영수증과 도서관 열람실까지 통째로 시 속으로 들어온다. 이쯤 되면, '이건 왜 시가 아닌가?' 들이대는 시인의 화법을 수긍하게 되고, '이것도 시가 될까요?' 성실하게 실험하는 시인의 상상력을 적극 옹호하고 싶어진다.

2019년 가을, 우연히 내가 황인찬과 문보영의 신작시를 만나게 된 곳은 영등포구 문래동에 위치한 '재미공작소'였다. '재미공작소'에서는 문예지나 시집이 아니라 전시의 형태로 신작시를 발표하는 '시공간집' 행사를 열었다. 다섯 평 남짓한 공간에 열 명의 시인(권민경, 김복희, 김승일, 문보영, 배수연, 오은, 육호수, 이소호, 임지은, 황인찬)의 시가 두 편씩 전시되어 있었고, 관람은 하루 3회, 관람객은 회당 12명씩 입장 가능했다. 시가 전시되어 있는 벽 쪽으로 테이블을 붙이고 의자를 놓아 관람객은 앉아서 조용히 시를 읽을 수 있고, 노트에 시를 필사할 수도 있었다. 시가 인쇄된 안내 책자가 배부되지 않았기 때문에, 마음에 드는 시가 있다면 머릿속에 기억하거나 직접 손으로 써서 가져가야 했다. 또는 휴대폰 녹음 기능을 이용해 목소리로 담아 가는 방식도 추천하고 있었다. 이렇게 소리 내서 읽고, 쓰는 신체활동으로 시를 감상하다 보면, 관람객은 책 형태가 아닌 공간 형태의 시집을 온몸으로 가로지르며 읽고 있다는 것을 자연스럽게 깨닫게 된다. '시공간집' 프로젝트는 가방 안에 넣어 둔 시집을 틈날 때마다 꺼내서 읽는 방식이 아니라, 마치 호메로스의 시대처럼 온몸으로 시를 감상하는 참여형 퍼포먼스였다.

시인들의 상상력으로 조금은 진부해진 시의 형식과 개념이 바뀌어 가고 있다. 앞으로 우리는 어떤 형태의 시와 만나게 될지 상상은 안 되지만 기대는 된다. 호메로스에서 시공간집까지, 시는 계속 새로운 길을 내고 있다. 시는 날마다 새로워지는 오래된 노래다.

# IO

## 『국가』8권 부채와 불평등

—『출구 없는 사회』의 EXIT

## 은유로서의 질병, 폐소공포증

순전히 제목 때문이었다. 내가 프랑스 경제학자 다니엘 코엔 (Daniel Cohen)의 『출구 없는 사회』박나리 옮김, 글항아리, 2019.를 인터 넷서점에서 구입하고 순식간에 읽어 내려간 까닭은. 요즘 나는 '살맛'이 나지 않는다. 오늘보다 내일이 나아질 거라는 거짓말에 속아 넘어갈 가능성이 전혀 없기 때문이다. 현재 나는 나이는 많 고 돈은 없다. 어쩔 수 없이 하루하루 충실하게 살아간다. 생각이 많아지고 철학자가 될 확률은 높아지는데, 우울, 분노, 자책의 감 정도 요동쳐 예술가가 될 확률도 함께 높아지고 있다. 약사인 친 구는 내가 간 기능이 떨어져서 화를 잘 내는 것 같다며 종종 영양 제를 가져다준다. 그러나 간장약과 종합비타민제를 복용해도 상 태는 호전되지 않는다. 현재의 무력감과 미래에 대한 불확실함 으로 가슴이 답답해지는 날이 늘어가고 있다.

다니엘 코엔은 출구가 봉쇄된, 폐쇄적 사회가 된 디지털경 제 시대의 현실을 이해하기 쉽게 설명해 준다. 이를테면 영화와 음반과 같이 기술복제가 가능한 문화상품이 등장한 시기에 공연 예술계가 맞은 위기를 가져와 현재의 문제를 환기시킨다. 1960 년대에 연극배우, 오페라 가수, 오케스트라 연주자들은 생산성이 훨씬 더 높은 문화산업과 경쟁을 겪었다. 최고의 마에스트로가 취입한 음반이 전 세계로 퍼져 나갔고, 텔레비전에서 방영되는 영화는 수백만 가구에 무료로 보급되었다. 텔레비전이나 케이블을 통해 모든 가정에 거의 무료로 들어갔던 문화상품의 세계에 일부 스타와 영화 제작사가 범람했다. 반면 라이브 공연, 연극, 무용 등을 펼치던 통상적인 배우들은 소득의 증가를 전혀 경험하지 못했다.다니엘 코엔, 『출구 없는 사회』 113쪽. 서로 대체 가능한 영화와 연극, 하나는 저렴하고 다른 하나는 비싼 이 두 가지 문화상품 앞에서 소비자들은 그리 오래 망설이지 않는다. 여기에 소비시장이 전 세계로 확장될 수 있는 인프라가 구축되어 있다면, 기술복제 예술상품의 수익은 천문학적으로 늘어난다.

현재 전 세계적으로 미국의 실리콘밸리, 할리우드, 월스트리트의 모델이 유통되고 있고, 이렇게 심화된 불평등의 구조는 우리가 살아가는 거의 모든 영역에서 발견할 수 있다. 우리의 일상생활은 구글, 유튜브, 넷플릭스 등 디지털 플랫폼에서 이루어지고, 천문학적 자산을 보유한 '슈퍼리치'들을 탄생시켰다. 이건 IT산업뿐만이 아니다. 모든 분야에서 공장의 생산성이 아니라 금융과 마케팅에서 수익이 창출되고 있고, 기업들은 주력 분야를 제외한 모든 부문을 '외주화'하는 방식으로 사업의 리모델링을 마쳤다. 몇몇 개발자들과 양질의 일자리를 선점한 고액연봉자가 아니라면, 우리 대부분은 오디션을 준비하며 다양한 알바를 전전해야 하는 연극배우와 같은 막막함을 경험하고 있다. 이건 어디까지나 수학적인 문제이다. 수학적으로 현재의 구조는 소득과 자산이 증가하는 소수와 제자리이거나 마이너스의 성장률을 갖는 다수로 이루어져 있음을 부인할 수 없다.

다음은 심리적인 문제이다. 다니엘 코엔은 소득과 행복의 상관관계를 추적한 경제학자 이스털린(Richard Easterlin)의 이론을 가져와 행복지수를 살펴본다. 이스털린은 소득이 증가하면 생활의 만족도 즉, 행복이 증대되기는 하지만, 어느 정도까지만 그러하고 정체되기 때문에 이 둘이 비례 관계에 있지 않음을 통계적으로 밝혀냈다. '이스털린의 역설'이라고 부르는 이 이론은 타인과 자신을 비교하려는 인간의 강박적 성향을 설명해 준다. 임금 노동자가 자신의 임금이 '정당하다'고 여기게 되는 기준은 자신의 직장동료나 친구, 친척과의 비교를 통해 이루어진다고 한다. 따라서 현대사회에서 행복을 추구하는 행위는 '욕구가 늘 상대적'이라는 단순하면서도 근본적인 장애물과 마주친다. 그러니까 중요한 것은 소득 자체가 아니라 자신을 둘러싼 집단에 비해 상대적으로 어느 정도의 위치에 있느냐는 것이다.

우리 사회가 작동하는 데 어째서 부 자체보다 부의 성장이 더 중요한지가 설명된다. 성장은 현재의 심리적, 사회적 상태보다 더 상승하고자 하는, 덧없지만 늘 새로이 갱신되는 희망을 만인에게 선사한다. 성장의 실현이 아니라, 그러한 성장의 약속이 불안을 잠재우는 셈이다.다니엘 코엔, 『출구 없는 사회』, 158쪽.

다니엘 코엔은 서구 산업화시대의 황금기(1945~1975)에는 서로 비교하고 경쟁하는 심리를 상품의 소비로 중재할 수 있었다고 본다. 그때 유행했던 텔레비전, 냉장고, 자동차의 소비는 당시의 소득 수준에서 어려운 일이 아니었기 때문에, 비슷한 상품을 소비한다는 평등의식이 사회를 유지할 수 있는 소통의 기능을 이루어 냈다. 그러나 오늘날과 같은 디지털경제의 시대에는 상품이 중재적 요소를 잃어버렸다. 입지 좋은 아파트, 높은 비용이 드는 사교육, 질 좋은 의료 서비스, 해외여행 등 지금 유행하는 소비문화는 누구나 마음만 먹으면 쉽게 구입할 수 있는 상품의 수준을 넘어섰다.

상품의 소비가 사회적 중재 역할을 하지 못할 때, 사회적 중재는 어떻게 이루어질까? 같은 수준의 개인들이 교제 범위를 점점 더 제한하는 '끼리끼리'의 문화가 만들어진다. 다니엘 코엔은 이를 '사회적 족내혼'이라 부른다. 전문직은 전문직과, 대기업 정규직은 대기업 정규직과, 마트 노동자는 비슷한 직군의 노동자와 결혼하고 사회적 관계를 맺어 가는 폐쇄적 세계가 형성되고, 이 세계들은 내부적으로만 소통한다. 폐소공포증은 이러한 시대의 징후적인 질병이다.

## 출구 없는 사회, '악의 진보'가 이룬 정점

플라톤이 『국가』 8권에서 구분하고 있는 정체 가운데 오늘날과 같은 '출구 없는 사회'는 재산 평가에 근거한 정체인 과두제(寡頭制)라 볼 수 있다. 과두제하에서 통치자의 자격은 재산의 정도에 따라 주어지고, 부를 가진 통치자에게 이익이 되는 정치가 이루어진다. 플라톤에 따르면 과두제는 "모든 나쁜 것 가운데서도 가장 큰 이것을 맨 먼저 용인한" 정체이다. 무엇이 그렇게 문제적이라는 말인가?

> "한 사람은 자기 재산을 다 팔 수 있고, 다른 사람은 이를 살 수 있는 자유 말일세. 재산을 다 팔아 버린 사람은 그 뒤에도 그 국가에 머무를 수 있지만 그는 이미 그 국가의 구성원이

아니라네. 그는 상인도 수공업자도 기사도 중무장보병도 아니고, 이른바 빈민 또는 무산자(無産者)로 살아가기 때문일세."『국가』 8권 552a; 『국가』, 454~455쪽.

가진 것을 모두 팔고 빈털터리가 된 자를 마르크스의 개념으로 구분해 본다면 프롤레타리아트이다. 플라톤은 자산이 없기 때문에 임금노동으로 살아가야 하는 사람인 프롤레타리아트의 발생에 대해 금권정치인 과두제에서 기원한다고 보고 있다. 무슨 말인가? 어느 공동체나 부자와 빈자는 존재하기 마련이다. 그런데 왜 이것이 정치 때문이라는 것인가? 공동체의 구성원으로 살아가기 위해서는 세금과 병역의 의무를 부과받는 대신 공동체의 보호와 공동의 이익을 함께 누릴 권리를 부여받는다. 이런 사람을 시민이라고 한다. 시민의 존립이 공동체 번영의 근간이 되기 때문에 통치자들은 시민이 자신의 재산을 탕진하여 부채노예로 떨어지는 일이 없도록 적절한 규제와 구제책을 제시하여야 한다. 그런데 과두제에서는 공동체 공동의 이익을 위한 규제와 견제가 이루어지지 않는다. 정치의 기반이 '부'이기 때문에 재산 형성에 대한 어떤 제약이 주어지지 않기 때문이다.

"그것은 과두제 국가들의 치자들이 자신들의 권력이 부에 근거하고 있다는 것을 알기에 방탕한 젊은이들이 재산을 낭비하고 탕진해도 이를 법률로 제재하기를 원하지 않기 때문인 듯하네. 그들은 이런 젊은이들의 재산을 사들이거나 그것을 담보로 돈놀이를 하여 더욱더 부자가 되고 더 존경받을 수 있을 테니 말일세." 『국가』 8권 555c; 『국가』, 461쪽.

플라톤은 과두제의 원리를 '부에 대한 만족할 줄 모르는 욕망과 그 밖의 것들에 대한 무관심'으로 정리하고 있는데, 과두제의 이러한 원리가 아니라면 빈익빈 부익부의 양극화는 이루어질 수 없다고 본다. 인간의 영혼을 구성하는 '이성-기개-욕구' 가운데 욕구가 지배적인 역할을 할 때, 이성은 욕구를 충족시키기 위한 전략을 짜는 수단으로 전락한다. 철인정치가 이성이 지배적인 역할을 하는 정치라면, 과두제는 욕구가 지배적인 위치를 차지한 정치로, 빈부격차를 줄이기 위한 이성의 노력이 이루어지지 않는다. 오히려 무절제가 부자들의 자산을 증식시키는 기회가 되어 정책적으로 권장된다.

플라톤은 『국가』 8권에서 '악의 진보'가 이루어 가는 정치의 변화를 설명하고 있다. 철인정치가 타락하면 그 뒤를 이어 '명예지상정체'가 등장한다. 이 정치의 원리는 '명예에 대한 만족할 줄 모르는 욕망과 그 밖의 것들에 대한 무관심'이다. 철인정치와 같은 이상적인 교육이 이루어지지 않기 때문에, 명예지상정체에서는 공동체를 위한다는 명분 아래 무분별한 명예경쟁이 발생한다. 인간의 영혼 가운데 기개가 지배적인 위치를 차지하게 되고, 이성과 욕구는 기개를 높이기 위한 수단이 된다. 명예지상정체는 빠른 시간에 과두제로 교체되는데, 명예경쟁에서 승리하기 위한 수단으로 부의 축적이 무엇보다 효과적이기 때문이다. 명예를 사랑하는 젊은이가 재물을 사랑하는 자로 바뀌는 변신처럼 빠르고 강력한 것이 없다는 탄식「국가」 8권 553e; 「국가」, 458쪽.처럼, 이후 부의 축적은 확고부동한 지위를 차지하게 된다.

플라톤의 논리에서 과두제는 민주제로 교체된다. 빠른 속도로 탕자와 파산자를 양산하는 과두제는 지속될 수 없다고 보기 때문이다. 탕자와 파산자 가운데 야심 있는 모험가가 있다면, 부자들에 대한 적대감을 이용해 과두제를 전복시킬 수 있다. 민주제의 원리는 '자유에 대한 만족할 줄 모르는 욕망과 그 밖의 것들에 대한 무관심'이다. 과두제에서 자유가 박탈당했다고 생각한 민주제의 주역들은 모든 것이 허용되는 자유를 '제일의 원리'로 채택한다. 곧 '금지를 금지한다'. 모두가 자신의 의견을 말할 수 있는 언론의 자유와 어떤 정치든 설립할 수 있는 무정부주의와 낭비와 만용이 허용된다. 플라톤은 제대로 교육받지 못하고 단련되지 못한 '철 이른 자유'는 또 다른 예속을 가져올 뿐이라 단정하며, 민주제의 활기찬 혼란이 필연적으로 야심가의 폭군제로 귀결된다고 경고하고 있다.

플라톤의 정치론에서 과두제와 민주제는 무절제를 허용한다는 측면에서 동전의 양면과도 같다. 과두제의 재산 증식의 욕망은 모든 규제를 해체하며 자유라는 미명 아래 혼란과 무질서를 허용하는 민주제의 특징을 포함하고 있다. 플라톤은 과두제와 민주제를 다른 정치로 구분하고 있지만, 신자유주의로 호명되는 오늘날, 이 둘은 샴쌍둥이처럼 결합되어 있다. 여기서 좀 더 나아가면 오늘날과 같이 슈퍼리치들의 영향력이 커져 가는 '출구 없는 사회'를 공룡기업들이 지배하는 폭군정치라 명명해도 무방한 것은 아닐까? 불길한 예감이 빗나가지 않았다면, 우리는 지금 '악의 진보'가 이룩한 정점에 서 있다.


**EXIT, 화살표를 따라 가세요**

나는 다니엘 코엔의 『출구 없는 사회』의 또 다른 버전으로 조던

필 감독의 영화 〈겟 아웃〉(Get Out)과 〈어스〉(Us)를 나란히 놓고 싶다. 두 영화 모두 신선한 호러 영화의 명가 '블룸하우스'에서 제작된 영화답게 수수께끼와 반전을 정교하게 쌓아 올린 공포 영화다. 2017년에 발표된 〈겟 아웃〉에서는 젊은 흑인의 신체에 늙은 백인의 뇌를 이식한다는 극단적인 설정으로, 이제까지 보지 못한 방식으로 연출된 흑백갈등을 선보인 바 있다. 백인 여자친구의 집에서 열린 그들의 파티에 초대된 흑인 청년 크리스가 백인들 틈에서 느끼는 애매모호한 불쾌함과 답답함은 감독이 표현하고자 하는 우리 시대의 폐소공포증이다.

2019년에 개봉한 〈어스〉에서는 인종차별을 넘어 사회 전체로 확대된 적대와 공포를 블랙유머와 뒤섞어 표현하고 있다. 중년의 흑인 게이브는 아내의 불만에도 불구하고 해변으로 여름 휴가를 떠나는데, 게이브의 관심사는 오로지 백인 친구 타일러와의 경쟁에 있다. 게이브는 끊임없이 별장, 자동차, 요트를 타일러와 비교하며 열패감을 느끼고 있다. 이 전형적으로 속물스러운 흑인 중산층 가족에게 자신들을 꼭 닮은 도플갱어 가족이 들이닥치면서 휴가는 재난이 되고 피서지는 아수라장으로 변한다. 영화는 질문을 던진다. 도대체 이 도플갱어들은 누구이며, 어디서 온 것인가? 자신과 똑같은 인간을 공격하는 도플갱어들은 거

칠게 항의한다. "우리도 너희랑 똑같은 사람이야!" 이 장면에서 많은 사람들이 '마트/콜센터/레스토랑/서비스센터'에서 이루어지는 그림자노동을 떠올리며 영화의 도플갱어가 '인간복제'라는 공상과학적 소재뿐 아니라 위계화된 노동시장을 상징하고 있음을 눈치챌 수 있다.

이질적이고 낯선 존재에 대한 공포심을 말하는 제노포비아(Xenophobia)는 폐소공포증과 연결되어 있다. 장벽을 세우고 대문을 잠그고 CCTV를 설치하지 않았다면, 밀폐된 공간에 갇히는 듯한 폐소공포증과 낯선 존재의 침입을 두려워하는 제노포비아는 발생하지 않는다. 혹 순서가 뒤바뀌더라도 이들은 연쇄되어 서로를 강화시킨다. 위험사회는 안전에 대한 강박적 집착을 가져오는데, 이 강박증이 다시 위험을 유발하는 악순환으로 되풀이된다.

다니엘 코엔은 『출구 없는 사회』에서 디지털경제의 '비생산성'을 지적하고 있다. 극소수의 슈퍼리치들에게만 부가 집중되어 있는 현재의 시스템은 전체적으로 저성장을 가져올 수밖에 없다. 그렇다면 성장의 프레임이 아닌 다른 방식으로 해법을 모색해야 한다. 다니엘 코엔은 국민총생산과 경제성장률을 높이기 위한 정책이 아니라 실업의 부담을 개인에게 전가하지 않고 사회가 충격을 완화하는 덴마크식 모델을 대안으로 제시한다. 실업 기간 동안을 개인적인 안식년으로 보내거나 재취업을 위한 교육을 받는 시간으로 보낼 수 있도록 제도적으로 안정적인 지원을 해주는 정책이다. 이 제도는 공동체 전체가 고용불안을 경제적·심리적으로 보조해 줌으로써 개인의 행복과 공동체의 활기를 부양하는 효과를 가져온다. 최근 국내에서도 논의되고 있는 청년구직기금과 기본소득제는 이러한 맥락을 공유하고 있는 정책들이다.

"그것은 앞서 말한 것에 버금가는 법률로, 시민들이 미덕에 전념하게 하는 법률일세. 말하자면 각자가 대부분의 수의계약을 본인 위험부담으로 체결하도록 법률로 정하면, 그 나라에서는 고리대금업이 덜 파렴치하게 행해질 것이며 우리가 잠시 전에 말한 해악도 줄어들 것이네." 『국가』 9권 556b; 『국가』, 463쪽.

플라톤은 채권자가 채무자의 기본 자산을 함부로 처분할 수 없도록 법으로 금지해야 공동체의 근간을 유지할 수 있다고 보았다. 그렇다면 채권자는 자신의 원금을 회수할 수 없는 위험한 대출을 자제할 것이고, 담보가 부실한 대출에 따르는 이율 높은 이자는 만들어지지 않는다. 플라톤은 공동체를 유지하기 위한 이러한 금융공학을 '사람들로 하여금 훌륭함에 마음을 쓰도록 하는 법'이라 생각했다. 신용불량자에게도 조건 없이 전화 한 통으로 소액대출을 해준다는 간편함과 친절함으로 '악의 진보'는 번영하고 있다. 'EXIT'를 찾고 싶다면, 플라톤과 다니엘 코엔의 화살표를 따라가 보자. 영화 〈겟 아웃〉에서 로드킬당하는 야생동물이 될 뻔했던 흑인 청년 크리스는 사력을 다해 백인들의 저택에서 탈출한다. 우리도 나갈 수 있을까? 〈어스〉에서는 도플갱어들이 손에 손을 잡고 인간띠를 만든다. 우리도 손을 잡을 수 있을까? 어쩌면 해법은 우리가 이미 알고 있는, 오래된 상식일지 모른다.

나에게는 영양제를 선물하는 약사 친구뿐 아니라 내 고단한 중년을 함께 '술퍼해'(술을 마시며 슬퍼해 주는) 주는 친구가 있다. 친구는 술을 마실 때마다, 내 불안한 일자리와 수입을 걱정하며 어디서 돈 나올 구멍이 없을지 궁리하고, 궁리가 막히면 응원의 메시지를 남발한다. 이런 우정의 시간들이 현재 나에게 출구를 가리키는 화살표들이다.

# II

# 『국가』 9권 폭군에게 없는 세 가지

## —소설 『안녕 주정뱅이』와 음주의 윤리학

## 음주의 법칙, 쉽게 끝나지 않는다

> 그들은 주종을 소주에서 맥주로 바꾸었고 안주로는 에스프레소에 가까운 진한 커피를 음미하듯 입에 물고 있다 마셨다. (중략) 그가 그녀에게 위스키를 마셔도 좋을 만큼 충분히 어두워진 것 같지 않느냐고 물었을 때 그녀는 그렇다고 대답했다. 그는 변압기처럼 아주 적절한 순간에 술의 종류와 도수를 바꾸었고 그녀는 기꺼이 그의 제안에 따랐다.
>
> 권여선, 「역광」, 『안녕 주정뱅이』, 창비, 2016, 169~171쪽.

권여선의 소설집 『안녕 주정뱅이』에서 나에게 가장 와닿았던 장면은 소설 속 인물들이 주종을 바꿔 가며 파장에 이른 술자리를 끈질기게 이어 가고 있는 순간들이었다. 그들은 웬만해서는 술자리를 끝내지 않는다. 나는 이것이 리얼리즘이라고 생각한다. 술자리는 쉽게 끝나지 않는다. 가볍게 혹은 기분 좋게 시작된 술자리가 고성이 오가고 사람이 네 발로 기어 다니고 망각과 해방의 절정까지 치달아 오르려면 무수한 술병들이 쓰러지는 시간이 필요하다. 나는 강제적으로 종료되지 않으면 도무지 끝날 기미가 보이지 않는 게 '음주의 법칙'이라고 생각한다. 술은 술을 부르고, 술이 사람을 마신다는 말은 빈말이 아니다.

　가끔 술꾼들은 끝이 확실히 보이는 술자리를 이어 가기 위해 '연기'를 한다. "야! 니가 그러고 가면 내 마음이 편하겠어?"라고 회유책을 펴기도 하고, "잘 알지도 못하면서 함부로 말하지 마!"로 강경책을 구사하기도 하다. 이 정치적 화법들과 제스처들은 어떻게든 술을 더 마시기 위한 '쇼'다. 감성 코드를 이용할 수도 있다. '비가 오니… 바람이 부니… 꽃이 피니… 꽃이 지니…' 나의 연기력은 명배우 수준은 못 돼도, 조연배우급은 되지 않을까 싶다. 소주병을 기울이는 각도와 술잔을 바라보는 시선 하나로 모든 상황을 표현하는 생활 연기가 묻어나는 조연배우쯤은 되리라 자부한다. 그러려면 어떤 상황에서든 술 마실 기회를 만들고 판을 벌이는 기술을 숙련해야 한다. 혹은 이 모든 게 무산되었을 때, 편의점에 들러서라도 '혼술'할 수 있는 마음수련도 겸비되어 있어야 한다.

　권여선의 에세이집 『오늘 뭐 먹지』한겨레, 2018.는 사실 '오늘 안주 뭐 먹지?'이다. 나는 모든 음식을 안주화하는 배포에서 권여선의 작가로서의 진정성을 확인한다. 권여선은 술꾼들의 이야기를 무언가를 말하기 위한 수단이나 재료가 아니라 삶 그 자체로 다룬다. 권여선이야말로 작가인지 술꾼인지 분간이 안 가는 장본인이라 할 수 있다. '술=소설=인생' 권여선의 삼위일체는 모든 것이 연기이고 낭비이고 거짓이며 진실인, 하나의 삶의 형식을 뚝심 있게 보여 준다.

플라톤은 『국가』 9권에서 폭군정체의 폭군을 '술주정꾼'에 비유하고 있다. 폭군의 욕구는 채워도 채워도 채울 수 없는 술주정꾼의 그것과 같다. 때문에 폭군은 늘 결핍을 느끼는 가장 빈곤한 자이다. 마셔도 마셔도 술을 찾는 술꾼과 가져도 가져도 만족할 줄 모르는 폭군의 유비(類比)는 적절해 보인다. 플라톤은 이러한 비유를 통해 폭군의 비참함을 논증하고 있다. 그런데 아무리 마셔도 술이 부족한 술꾼과 아무리 가져도 만족할 줄 모르는 폭군, 이 둘을 동급으로 비난할 수 있을까? 이에 대한 타당한 반론을 찾기보다, 나는 이런 비유를 선택한 플라톤에게 어깃장을 놓고 싶다. 스승 소크라테스는 대화와 음주를 모두 즐겼다고 하는데, 제자 플라톤은 술자리에서 오고간 취중진담을 전수받지 못한 게 아닌지 의심스럽다.


## 폭군의 제로섬게임 vs 얼리버드 연합

『국가』에서 정치체는 '철인정치-명예지상정치-과두정치-민주

정치-폭군정치'로 분류된다. 플라톤은 인간의 영혼이 '이성-기개-욕구'로 구성되어 있다고 보았고, 이성을 중심으로 기개와 욕구를 조율할 수 있는 철학자가 왕이 된다면 명예욕과 물욕을 균형 있게 조절하며 공동체를 운영해 나갈 수 있으리라 전망했다. 이것이 철인정치다. 명예지상정치는 명예욕이 중심이 된 사회, 과두정치는 물욕이 중심이 되는 사회다. 이때 이성은 기개 또는 욕구의 수단으로 이용된다. 민주정치는 이러한 구분이 없는 혼돈 상태로 명예욕에 휩쓸리기도 하고 물욕에 휩쓸리기도 하는 사회다. 가끔 정신 차리고 살자는 각성의 순간도 있지만, '이성-기개-욕구' 가운데 어느 것 하나 중심적인 역할을 하지 못한다. 이 혼돈의 시기를 거쳐 욕구가 강력한 지배자의 자리에 군림하게 되는 것이 폭군정치이다. 폭군정치에서는 이성과 기개는 작동이 정지되고 욕구만이 독주하는 '제로섬게임'이 펼쳐진다.

폭군의 제로섬게임은 『국가』 1권에서 트라쉬마코스가 제기한 '가장 불의한 자가 가장 많은 이익을 가져가는 원리'를 입증해 준다. 트라쉬마코스는 가장 불의한 자는 가장 능력 있는 자이고 가장 행복한 자라는 공식을 내세웠다. 트라쉬마코스의 공식을 반박하기는 쉽지 않다. 교수 아버지가 아들의 입시와 성적을 관리하고, 임원 아버지가 딸의 취업과 인사고과를 청탁하고, 장관 아버지가 판공비로 유학 중인 자식의 졸업식에 참석하는 등 '부당이익'을 누리는 능력 있는 사람들의 사례는 너무 많다. 능력 있는 부모들이 음으로 양으로 '부모의 도리'를 다하는 것에 대해, 우리 대다수는 비난하기보다는 부러워한다. '빽 있는 부모'야말로 로또 당첨 다음으로 우리가 갖고 싶은 스펙이 아닐까? 아무튼 부모 덕에 엘리베이터를 타고 수직상승하는 사람들의 인생은 행복해 보인다.

트라쉬마코스의 '정의론'에 대해 『국가』 1권에서는 논리적으로 반박했다면, 9권에서는 그 반박의 근거들이 비로소 제시된다. 트라쉬마코스가 제기한 불의한 사람들의 행복은 행복처럼 '보이는' 것이지 실제로 행복한 것은 아니라는 말이다. 플라톤은 불의한 자들의 '대표', 폭군의 비참함을 '노예'로 비유하고 있다. 모든 것을 자신의 수중에 넣고도 성에 차지 않아 더 많은 이익을 탐하는 폭군과 아무것도 소유할 수 없는 노예에게 공통점이 있을까?

모든 것을 소유하려는 폭군은 누구와도 친구가 될 수 없다. 따라서 누구도 믿지 못한다. 그러나 생명과 재산을 안전하게 지키기 위해 최소한의 경호원과 금고지기를 고용해야 한다. 여기서 관계의 역전이 일어난다. 조언을 해줄 친구는 없고 고용한 경호원과 금고지기에게 자신의 행복을 송두리째 맡기고 있기 때문에 고용인들이 배신하지 않도록 아첨을 해야 한다. 자신이 고용한 고용인들에게 전적으로 의존해야만 하는 상황은 자유가 없는 노예와 다르지 않다. 모든 것을 다 가진 것처럼 보이는 폭군이지만, 그에게도 없는 것이 세 가지 있다. 우정과 지성과 자유이다. 믿음을 나눌 친구가 없는 사람은 궁지에서 빠져나갈 지혜를 찾을 수 없는, 고립무원의 수장이다. 누구도 우정, 지성, 자유 없이 행복할 수 없다. 제로섬게임의 승자에게 행복은 없다. 잠시 행복해 보일 뿐이다.

많은 사람들의 비판 이전에 플라톤 역시 철인정치가 비현실적이라고 생각했다. 플라톤의 마지막 저작으로 노년의 플라톤의 생각을 살펴볼 수 있는 『법률』박종현 옮김, 서광사, 2009.에서는 철인정치를 대신할 수 있는 차선의 정치로 '법치'를 제시하고 있다. 법치에서 입법은 무엇보다 중요하다. 그러나 입법과 사법만으로 좋은 정치가 이루어지지는 않는다. 플라톤은 법을 보완할 수 있는 '원로회의'가 공동체 운영에 필수적이라고 보았는데, 『법률』에 소개된 새벽 원로회의에는 철인왕의 후보로 손색이 없는 원로들과 그들이 선택한 청년들이 함께 회의에 참석한다. 그러니까 새벽 원로회의는 법의 적용에 있어 구체적인 조건을 세심하게 살피기 위한 숙고의 장이며 동시에 세대간 지성의 공유를 목적으로 하는 교육의 장으로 기획되었다. 새벽 원로회의는 '철학·정치·교육'이 동시에 이루어지는 공동체의 삼두마차이고, 이곳의 미덕 또한 우정과 지성과 자유라 정리할 수 있다. 우정과 지성 없이 공동체는 존립될 수 없고, 공동체 없이 인간은 자유로울 수 없고 행복할 수 없다. 따라서 행복해지고 싶다면, 우리에게 필요한 것은 엘리베이터가 아니라 알람시계다. 새벽 원로회의에 참석하려면 우선 '얼리버드'가 되어야 하니까.

## '참이슬 빨간 뚜껑'의 윤리학

나는 아침이슬을 맞는 얼리버드는 되지 못했고, '참이슬 빨간 뚜껑'을 좋아하는 술꾼이 되었다. 백해무익한 담배와 마찬가지로 모든 구설수와 사건사고의 진원지인 술을 나는 왜 이렇게 좋아하는 것일까? 플라톤식으로 말하자면, 나는 왜 술의 노예가 된 것일까? 나는 왜 술이라는 폭군에게서 풀려나지 못할까? 무엇보다 나는 술의 삼투압 현상에 마음이 끌린다. 소금에 절인 채소에서 수분이 빠져나오는 것처럼, 술에 '절은' 인간에게서도 무언가가 빠져나온다. 농도 짙은 소금과 결합되지 못하면 빠져나올 수 없는 수분처럼, 맵고 짜고 답답한 이야기들도 저절로 술술 흘러 나오지 않는다. 화학작용이 필요하다. 나는 '참이슬 빨간 뚜껑'의 20.1도 정도의 농도가 돼야 삼투압 현상이 일어난다.

취기가 만들어 낸 시공간에서 사람들이 쏟아내는 말들은 각기 다른 모양의 날개를 달고 날아다닌다. 평소보다 몇 배나 높은 출력의 스피커를 과시하는 사람도 있고, 갑자기 기억력이 좋아져 까마득히 잊고 있던 껌딱지를 떼어 내는 사람도 있다. 소금이 아니라 알코올이건만 채소처럼 수분을 짜내며 훌쩍이는 사람도 있고, 인류애(?)를 발휘해 상습적으로 성추행을 시도하는 사람도 있다. 용기 내서 사랑을 고백하기도 하고, 지난날의 잘못을 반성하기도 한다. 대화인지 독백인지 분간할 수 없는 말들이 오가고, '오프더레코드'의 위험한 말들이 방출된다. 진심을 확인하기도 하고 오해가 깊어지기도 한다.

열 길 물 속보다 알 수 없는 한 길 사람 속, 그 심해를 탐사하는 잠수함은 알코올을 연료로 한다. 이 잠수함의 단점은 연비가 좋지 않아 수시로 연료를 채워 줘야 한다는 점이다. 비용과 시간이 많이 들고, 그러면서 성과를 내기도 쉽지 않은 이 탐사는 철저하게 비경제적이다. 그럼에도 불구하고 탐사자들은 계속 있어왔다. 인류가 인간에 대해 몇 마디라도 노래를 부를 수 있는 건

이들의 노고 덕분이다. 이건 왜 우정과 지성이 아니란 말인가?

음주탐사에 있어 난점은 내가 술을 마시는지 술이 나를 마시는지 헷갈리는 지경에 이르는 것처럼, 내가 실험자인자 실험 대상인지 모호해지는 순간에 있다. 이게 지성인지 반지성인지, 우정인지 적대인지, 자유인지 억압인지 불분명해지는 순간이 다가온다. 비경제적일 뿐 아니라 비합리적이다. 플라톤이 지향하는 영원한 '본'을 인식하기에는 너무나 적합하지 않은 실험이다.

막차를 타고 읍내에 내린 영경은 편의점에 들어가 맥주 두 캔과 소주 한 병을 샀다. 편의점 스탠드에 서서 맥주 한 캔을 따서 한모금 마신 후 캔의 좁은 입구에 소주를 따랐다. 또 한모금 마시고 소주를 따랐다. 그런 식으로 맥주 두 캔과 소주 한 병을 비우는 데 30분도 걸리지 않았다. 몸은 오슬오슬 떨렸지만 속은 후끈후끈 달아올랐다. 꽉 조였던 나사가 돌돌 풀리면서 유쾌하고 나른한 생명감이 충만해졌다. 이게 모두 중독된 몸이 일으키는 거짓된 반응이라는 걸 알고 있었지만 그까짓 것은 아무래도 좋았다. 젖을 빠는 허기진 아이처럼 그녀의 몸은 더 많은 알코올을 쭉쭉 흡수하기를 원했다.권여선, 「봄밤」, 『안녕 주정뱅이』, 32~33쪽.

권여선의 단편소설 「봄밤」의 주인공 영경과 수환은 중증 알코올중독자와 류머티즘 환자로 요양원에 살고 있다. 수환의 질병은 손을 쓸 수 없는 지경에까지 악화돼 죽음을 목전에 두고 있고, 그런 남편을 요양원에 두고 외출을 나와 술을 들이켜는 영경의 모습은 흡사 '인간말종'을 떠올리게 한다. 술 없이는 버틸 수 없는 영경의 상황을 이해하는 수환은 고통스러운 진통제주사를 맞고 괜찮은 척 연기를 하며 영경의 음주외출을 용인한다. 죽어가는 수환이 영경에게 사랑을 표현할 수 있는 유일한 방법이다. 하루하루 죽어 가는 수환과 같이 살아가기 위해 영경이 자신을 지킬 수 있는 유일한 방법도 음주다. 두 사람은 서로에 대한 사랑과 예의를 잃지 않기 위해 거짓 연기를 하고 술을 마신다.

술은 비경제적이고 비합리적이다. 그러나 윤리적일 수는 있다. 음주와 비음주를 나누고 음주의 윤리성을 비교우위로 말하려는 것은 아니다. 나는 나와 타인을 대하는 윤리적 태도 가운데 하나가 술일 수 있다는 이야기를 하고 싶다. 나는 아직 권여선의 소설이 보여 주는 품격 있는 예의를 술자리에서 경험하지는 못했다. 비윤리적인 뒷담화가 더 많았고, 후회의 시간들이 더 많았다. 그러나 알코올의 메시아가 들어오는 작은 틈새를 가끔 발견하기는 했다. 그 틈새로 서로가 모든 조건으로부터 무장해제되는 순간이, 스스로에게 가면을 벗는 순간이, 대면해야 할 진실을 회피할 수 없는 순간이 들어온다. 술은 생존의 방편처럼 단련시킨 기만과 결별하는 지름길이 될 수도 있다. 다만 지름길로 들어가기 전에 "과도한 음주는 건강에 해롭다" "임신 중 음주는 태아의 건강을 해칠 수 있다" "음주운전은 살인행위와 같다"는 경고 문구들을 꼭 읽도록 하자.

# 12

# 『국가』 10권 영혼 불멸과 영혼 돌봄

— 마지막은 BTS의 '정의론'으로

## 영혼, '뷰티 인사이드'(beauty inside)

『국가』 10권에서 우리는 '이데아', '이상국가'와 함께 플라톤의 주요 개념 가운데 하나인 '영혼 불멸'을 만나게 된다. 아킬레우스, 오디세우스, 이아손, 테세우스, 헤라클레스 등 그리스의 영웅들은 전쟁과 괴물에 맞서 싸우는 데 자신의 목숨을 던졌다. 그리고 명예를 얻어 오늘날까지 신화와 전설로 살아남은 불멸의 존재가 되었다. 명예와 불멸은 그리스 사람들에게 표준이 되는 생활양식의 전범(典範)이었다. 이 말은 사람은 죽어서 이름을 남긴다는 말과 다르지 않다.

플라톤 철학의 혁신은 '이름'을 '영혼'으로 교체했다는 점이다. 플라톤의 도식에 따르면 '사람은 죽어도 영혼은 남는다'. 플라톤은 가시적이고 가변적인 감각의 세계와 비가시적이고 불변적인 지성의 세계로 이분법적 인식론을 체계화했던 공식대로, 인간의 삶도 가시적이고 파괴적인 육체와 비가시적이고 불변하는 영혼으로 구분한다. 그리고 변덕스러운 감각세계에 휘둘릴 것이 아니라 불변하는 지성의 세계를 알고자 힘써야 하는 것과 같이, 언젠가는 파괴되는 육체를 보살피는 삶이 아니라 불변하는 영혼을 돌보는 삶이 되어야 한다는 자신의 '철학적 슬로건'을 완성한다. 스승 소크라테스가 세속적인 명예와 부가 아니라 내면의 충만함을 가져오는 '영혼의 돌봄'을 강조했다면, 제자 플라톤은 스승의 주장을 뒷받침하기 위해 '영혼 불멸'이라는 새로운 근거를 추가했다. 정리하자면, 무릇 인간에게 '좋은 삶'이란 불멸하는 영혼을 돌보는 일을 최우선으로 하는 삶이다.

이제 플라톤에게 남겨진 문제는 '영혼 불멸'을 증명하는 일이다. 정말 영혼은 불멸하는가? 그것을 어떻게 증명할 것인가? 플라톤의 또 다른 대화편 『파이돈』『소크라테스의 변론/크리톤/파이돈/향연』, 천병희 옮김, 숲, 2012은 이 문제를 본격적으로 다룬다. 당시 그리스에는 '영혼 불멸과 윤회'를 주장하는 오르페우스교와 피타고라스 학파의 주장이 있어 왔지만, 밀교의 방식으로 전해질 뿐 대중적인 지지를 받고 있지는 못했다. 많은 사람들이 죽음과 함께 육체가 파괴되면 영혼이 거처할 장소를 잃게 된다고 생각했다. 『파이돈』에서는 이를 악기가 부서질 때 음악의 선율과 리듬 또한 파괴된다는 비유를 들어 영혼 불멸설을 반박하고 있다.

그러나 『파이돈』에는 이를 반박하는 또 다른 비유도 제시되고 있다. 새 옷을 지어 입는 재단사의 비유이다. 재단사는 계절과 날씨에 따라 그에 맞는 옷을 지어 입는다. 옷이 닳고 해어져 버린다고 해서 옷을 입는 사람까지 같이 없어지는 것은 아니다. 변하는 옷과 변하지 않는 재단사의 비유를 필멸하는 육체와 불멸하는 영혼까지 확장하는 것은 너무 비약이 심한가? 그렇다. 그럼에도 불구하고 이런 것들이 있다. '1, 3, 5, 7……' 모두 다른 숫자들 사이에도 '홀수'라는 불변하는 개념이 있다. 물은 얼음과 수증기로 상태 변화하지만, '$H_2O$'라는 불변하는 개념을 갖는다. 변하는 것들 속에는 불변하는 것이 함께 있다. 플라톤은 생로병사를 겪는 인간에게도 그러한 것이 있다면, 그것은 '영혼'이라고 주장한다. 플라톤의 이러한 논증은 누군가에게는 고개를 끄덕일 만하지만, 누군가에게는 여전히 귀신 씻나락 까먹는 소리처럼 들릴 수 있다. 플라톤의 논증은 설득력이 부족하다.

반면에 '심장 어택' 판타지 로맨스영화 〈뷰티 인사이드〉(2015)의 전개는 보다 설득력이 있다. 남자, 여자, 아이, 노인, 심지어 외국인까지… 자고 일어나면 매일 다른 모습으로 변하는 남자 우진을 사랑하는 여자 이수가 있다. 이수는 매일 다른 모습으로 나타나는 우진이 같은 사람이란 걸 어떻게 알아차릴 수 있을까? 이수가 먼저 우진을 알아볼 수는 없다. 이들의 데이트는 우진이 다가와 이수의 손을 잡아야 시작된다. 자신의 손을 잡는 다정한 온기와 그의 손가락에 끼어 있는 실반지로 이수는 매일 다른 모습의 우진을 같은 사람으로 받아들인다. 박서준, 박보검,

이진욱, 이동욱, 김주혁, 서강준, 유연석 등등 내로라하는 '멜로장인' 21명이 연기하는 우진을 바라보며 이수 역을 맡은 한효주와 함께 관객들도 사랑에 빠진다. 이 영화를 본 대다수의 관객들은 판타지 장르를 표방했음에도 불구하고 '진짜 사랑'에 대해 생각해 보는 기회가 되었다는 리뷰를 남겼다.

플라톤의 비유보다는 〈뷰티 인사이드〉의 판타지가 우리 안에 있는 변하지 않는 '아름다움' 혹은 '영혼'의 가능성에 대해 긍정적인 판단을 유도한다.

## 똑같은 사랑을 해도 괜찮아(?), <이터널 선샤인> 또는 에르 전설

사랑에 대한 또 다른 판타지 영화 〈이터널 선샤인〉(2004)은 이별 후 다시 사랑에 빠지는 커플의 이야기이다. 소심한 남자 조엘과 자유분방한 여자 클레멘타인은 첫눈에 서로에게 끌려 사랑을 시작한다. 그러나 그들은 극명한 성격 차이만큼이나 매사에 티격태격하며 상대를 답답해하게 되고, 결국엔 악담을 퍼붓고 이별을 고한다. 클레멘타인은 이별의 고통을 잊기 위해 기억을 지워주는 회사를 찾아가고, 클레멘타인이 자신에 대한 기억을 지웠다는 사실을 알게 된 조엘도 앙갚음하는 심정으로 같은 회사를 찾아간다. 서로에 대한 기억이 '리셋'된 두 사람은 우연히 기차역에서 만나 처음처럼 다시 호감을 느낀다. 이런 걸 운명적인 사랑이라고 해야 할까? 영화의 끝부분에서 두 사람은 자신들이 기억을 지우고 다시 만났다는 사실을 알게 되고, 이전처럼 서로를 견디기 힘들어할 것이라는 것도 예상하게 된다. 그럼에도 불구하고 두 사람은 용감하게 다시 사랑을 시작한다. 초록색에서 오렌지색으로 다시 파란색으로 기분에 따라 머리카락 색깔을 바꾸는 케이트 윈슬렛(클레멘타인 역)이 말한다. "지금이야 그렇지. 근데 곧 거슬려할 테고 난 널 지루해할 거야." 언제나 노심초사인 짐 캐리(조엘 역)가 평소와 달리 쿨하게 대답한다. "괜찮아." 케이트 윈슬렛과 짐 캐리라서 이 엔딩 장면이 멋져 보였던 건 아닐까? 두 사람의 사랑은 정말 괜찮을까?

치를 떨며 헤어졌건만 전 남친 혹은 여친과 비슷한 상대와 다시 사랑에 빠지는 경우를 심심찮게 볼 수 있다. 마치 배우만 바꿔서 결말이 비슷한 속편을 계속 찍는 시리즈 영화처럼, 우리의 연애는 파격적인 캐스팅이나 새로운 스토리텔링을 시도하기 어렵다. 이것은 연애뿐 아니라 인생에 있어서도 마찬가지이다. 그때 그러지 말았어야 했는데… 후회하고 다짐하지만, 매번 비슷한 선택과 후회를 하게 된다. 이런 반복은 '괜찮지' 않다. 플라톤의 논리대로 영혼이 불멸한다고 치자, 그런데 그 영혼이 미숙하다면 우리는 결말이 '뻔한' 인생을 붕어빵처럼 찍어 내게 된다. 『국가』 10권에서는 '에르 전설'을 통해 '영혼 불멸'과 '영혼 돌봄'의 상관관계를 살펴보고 있다.

> 에르에 따르면, 개개의 혼들이 자신들의 삶을 선택하는 광경이야말로 참으로 볼만하더래. 그것은 가련해 보이기도 하고, 우스꽝스러워 보이기도 하고, 놀랍기도 한 광경이었대. 그도 그럴 것이, 대부분이 전생의 습관에 따라 선택하더래. 이를 테면 그는 일찍이 오르페우스에게 속했던 혼이, 오르페우스가 여자들의 손에 죽은 까닭에 여자의 배 속에 잉태되었다가 태어나기 싫어서 백조의 삶을 선택하는 것을 보았대. (중략) 그 다음 차례는 아가멤논의 혼이었는데, 이 혼도 자기가 당한 불행 때문에 인간 종족이 싫어져서 독수리의 삶을 선택하더래.
>
> 『국가』 10권 620a~b; 『국가』, 588쪽.

에르는 전투에서 죽었는데, 장례를 치르기 위해 쌓아 놓은 장작더미 위에서 열흘 만에 다시 살아난 사람이다. 그 열흘 동안 에르는 저승에 가서 혼들의 여행을 구경하고 돌아왔다. 저승에

온 혼들은 자신이 살아온 내력에 따라 하늘로 올라가 편안한 나날을 보낼 수도 있고, 땅 밑의 나락으로 떨어져 처벌을 받을 수도 있다. 각각의 보상과 처벌이 끝난 다음, 혼들은 다시 이 세상으로 오기 위한 운명의 제비뽑기를 한다. 거기에는 사람과 짐승의 운명도, 여인과 노예의 운명도, 폭군과 철학자의 운명도 모두 섞여 있는데, 대부분 전생의 기억에 따라 자신에게 익숙했던 운명을 선택하게 되더라는 것이다. 앞의 인용문에서처럼 인간이 아니라 짐승의 운명을 선택하는 이들도 있는데, 이러한 선택에도 전생의 기억이 결정적인 영향을 미친다. 따라서 내가 선택한 운명은 결국 내가 어떻게 살아왔는지를 말해 주는 필연적인 결과라고도 할 수 있다.

에르 전설은 플라톤 버전의 판타지이다. 자신이 선택한 운명을 가지고 이승으로 돌아오는 혼들은 망각의 강물을 마시기 때문에 저승에서의 기억을 잊는다. 에르는 그 강물을 마시지 않았기 때문에 혼들의 여행에 대한 이야기를 들려줄 수 있다는 설정은 〈뷰티 인사이드〉나 〈이터널 선샤인〉의 기발한 발상처럼 플라톤이 고안한 스토리텔링 장치이다. 두 편의 영화가 판타지라는 장치를 통해 사랑의 정석을 풀이하고 있다면, 플라톤의 판타지는 영혼의 돌봄이 철학의 정석임을 강조하고 있다. 붕어빵틀에서 찍어 낸 것 같은 '뻔한' 사랑과 인생을 반복하고 싶지 않다면, "선한 삶과 악한 삶을 구별하여 가능한 모든 삶 중에서 언제 어디서나 더 선한 삶을 선택할 수 있는 능력과 지식을 줄 수 있는" 『국가』 10권 618c; 『국가』, 586쪽. 영혼의 돌봄에 힘써야 한다. 철학 없이 '괜찮은' 사람이 되기는 힘들다.

TV 영화프로그램 〈방구석 1열〉에 출연한 뇌과학자와 정신분석가는 〈이터널 선샤인〉의 두 주인공의 앞날을 우울하게 전망했다. 아마도 그들은 다시 싸우고 헤어질 것이다. 각자가 자신의 삶의 태도를 바꾸지 않는 한, 서로에 대한 이해와 공감은 어렵다. 그들에게 보다 성숙한 선택은 자신의 기질과 한계를 인정하고 사랑을 그만두는 것이다.


**누가 마지막에 웃게 될까, 정의 vs 불의**


『국가』는 정의로운 자와 불의한 자 가운데 누가 더 행복한 사람인가를 묻는 질문으로부터 시작되었다. 마지막인 10권에 이르기 전에 이미 우리는 행복은 '좋음의 이데아'를 알아야 한다는 플라톤의 인식론과 윤리학을 확인할 수 있었다. 좋음의 이데아를 알지 못하는 불의한 자는 결코 행복할 수 없다. 그래도 『국가』의 마지막 페이지를 넘기기 전에 다시 한번 이 문제를 환기해 보자. 트라쉬마코스의 의견처럼 불의한 자들은 세상의 모든 이익을 독점하고 있는 것처럼 보인다. 불의한 자들은 자자손손 대대로 행복한 것처럼 보인다. 세상은 흙수저와 금수저로 나누어진 듯이 보이고, 부모를 잘 골라 다시 태어나지 않으면 이번 생에 행복하기는 아무래도 글러 먹은 것처럼 보인다. BTS는 수저론이 아니라 뱁새와 황새론으로 이 문제에 다시 불을 붙였다.

난 뱁새다리 넌 황새다리
걔넨 말하지 '내 다린 백만 불짜리'
내 게 짧은데 어찌 같은 종목 하니?
They say '똑같은 초원이면 괜찮잖니!'
Never Never Never

룰 바꿔 change change
황새들은 원해 원해 maintain
그렇게는 안 되지 BANG BANG
이건 정상이 아냐
이건 정상이 아냐

아 노력 노력 타령 좀 그만둬

아 오그라들어 내 두 손발도

아 노력 노력 아 노력 노력

아 노랗구나 싹수가

(역시 황새!)


내 탓이라니 너 농담이지

공평하다니 oh are you crazy

이게 정의라니 you mu be kiddin' me……

BTS, <뱁새> 중에서


BTS는 트라쉬마코스에게 이렇게 대답한다. "불의가 이익이 되다니… 너 농담하니? 이건 정상이 아니야. 룰을 바꿔야 해." 신자유주의 시대에 공정한 룰을 기대하는 것이 가능할까? 우리는 마주한 공룡의 기세에 눌려 불의에 항의하거나 거부하는 일을 망각해 버렸다. 그러나 모두가 집단최면상태에 빠진 것은 아니다. 오늘도 대기업의 횡포에 맞서 고공농성을 이어 가는 노동자가 있고, 학교 식당을 이용하지 못해도 학교 비정규직 노동자들의 파업을 지지하는 학생들이 있다. 아테네 법정에서 사형을 선고받은 뒤, 시민 배심원들에게 아첨하는 대신 죽음을 선택한 소크라테스의 철학적 신념도 결국 BTS의 노래와 크게 차이가 나지는 않는다. "그 말하는 넌 뭔 수저길래 / 수저 수저 거려 난 사람인데"BTS, <불타오르네> 소크라테스는 사람으로서의 존엄을 지키기 위해 대중과 타협하지 않고 정의로운 선택을 했다. 평생에 걸쳐 자신의 영혼을 돌보는 일에 힘써 온 사람이라면 죽음을 두려워할 필요가 없다고 확신하면서.

> 영리하고 불의한 자들은 출발선에서 반환점까지는 잘 달리지만 반환점에서 돌아올 때는 그러지 못하는 달리기 선수와 같지 않을까? 그들은 출발선에서는 재빨리 달려 나가지만 경기장을 떠날 때는 지쳐 빠진 개처럼 어깨 위로 귀를 늘어뜨리고는 상도 받지 못한 채 웃음거리가 된다네. 그러나 진정한 달리기 선수는 결승선에 도달하여 상을 타고 영관(榮冠)을 쓴다네.『국가』 10권 613c;『국가』 575쪽.

부정 출발과 약물 복용 등 갖은 꼼수로 반환점까지만 잘 달리는 사람이 아니라 진짜로 잘 달리는 사람이 되고 싶다면, BTS의 음악을 들어 보자. 기성세대의 눈으로 볼 땐 BTS의 인기가 파위풀한 칼군무와 화려한 퍼포먼스 때문이라 생각하기 쉽지만, 좀 더 주의를 기울여 보면 BTS가 팬들에게 보내는 메시지가 눈에 들어온다. "절대 마 포기 you know you not lonely"<찔어> "너의 길을 가라고 / 단 하루를 살아도 / 뭐라도 하라고."<No More Dream>

경기를 시작하기도 전에 운동장은 기울어져 있고, 룰은 공정하지 않다. 그렇다면 판을 바꾸어야지 포기할 일이 아니다. 포기하지 말고 해야 할 일은 남들이 좋다고 말하는 '있어 보이는' 일들이 아니라 내가 스스로 원하고 결정하는 것이어야 한다. 그리고 그런 나를 스스로 사랑하며 자존감을 길러야 한다. 'BTS 유니버스'는 히어로들이 세계를 구원하는 마블시리즈만큼이나 정의로운 세계관을 보여 준다. 마블과 차이가 있다면 BTS는 히어로들의 정의로움이 아니라 스스로 주체적이고 자존감 강한 인간이 되는 'Love yourself'의 마인드와 그 길을 혼자 가지 않게 친구가 되어 주겠다는 'You Never Walk Alone'의 연대감을 보여 준다. 이것을 소크라테스와 플라톤식으로 번역해 보면 너의 영혼을 돌보는 일에 친구가 되겠다는 '철학적 프러포즈'이다. 실제로 BTS의 음악은 세계의 청춘들에게 폭발적인 영향을 미쳤다. "BTS가 내 인생을 바꿨어요." "차마 마주보기 힘들었던 제 모습을 똑바로 보게 되었고 이제는 사랑해야겠구나 하는 생각을 했어요." "절 더 나은 사람이 되게 해주었어요." <small>차민주, 『BTS를 철학하다』, 비</small>
<small>밀신서, 2017, 6쪽.</small>

아이돌의 팬덤에는 플라톤이 경계했던 환상이 포진해 있다. 하지만 각자가 정의로운 사람이 되기 위해 자신의 영혼을 돌보자는 BTS의 메시지에는 소크라테스와 플라톤의 오래된 진심이 공명(共鳴)되고 있다. BTS의 세계적인 인기는 그들이 보내는 메시지에 대한 팬들의 응답이다.

# I3

## 『국가』의 별책부록

— 플라톤에게서 온 편지,『편지들』

## 플라톤의 타임캡슐, 일곱째 편지

(전략) 지금 내가 처한 상황은 이렇습니다. 내게 질녀들의 딸들이 있습니다. (중략) 나와 내 친구들이 이 여자 아이들 결혼의 지참금을 주어야 합니다. 적어도 내가 살아서 결혼식을 보게 되는 아이들에게는 그렇게 해주어야 합니다. (중략) 그래서 이 아이를 위해 돈이 필요한데, 30므나를 넘지는 않을 겁니다. 이 정도가 우리에게 적당한 지참금이거든요. 게다가 내 어머니가 돌아가시게 되면, 무덤을 짓기 위해 돈이 필요할 텐데, 이 경우는 10므나를 넘지 않을 겁니다. 이 일들과 관련해서 내게 꼭 필요한 건 지금으로서는 대략 이 정도입니다.플라톤, 「열셋째 편지」 361d~e, 『편지들』, 강철웅·김주일·이정호 옮김, 이제이북스, 2009, 144~145쪽.

가계부를 앞에 두고 조카손주들의 결혼지참금과 어머니의 장례비용을 계산하고 있는 장면은 철학자가 아니라 생활인 플라톤의 모습을 보여 준다. 아마도 플라톤의 스케줄에는 연구와 강연으로 보낸 시간뿐 아니라 아카데메이아의 공동지출비용을 절약하기 위해 궁리하며 보낸 시간도 포함되어 있을 것이다. 이런 에피소드들은 플라톤을 우리와 같은 평범한 생활인으로 생각해 보게 하는 신선한 전환을 가져온다. 그와 편지를 주고받은 사람은 어떤 사람들이었을까? 그들의 주요 화제는 무엇이었나? 편지들 사이로 플라톤의 사생활을 엿보고 싶은 호기심이 솟아난다. 그러니까 우리가 플라톤의 사상을 검토할 수 있는 자료로 대화편만 있는 것이 아니라 편지라는 형식의 글도 존재한다.

『편지들』에서는 대화편에서처럼 소크라테스의 입을 거치지 않고 플라톤이 직접 들려주는 그의 생각을 속 시원히 들을 수 있다. 마치 플라톤의 타임캡슐과도 같다. 그러나 한 가지 아쉬운 점은『편지들』에 수록된 열세 편의 편지들은 진위 논쟁 중에 있다는 사실이다. 앞에 인용된 열셋째 편지의 경우 위작이라는 판단이 압도적으로 많다. 열셋째 편지는 팩트가 아니라 팩션에 가깝다는 말이다. 그러나 위작일지라도 가짜 편지를 작성한 저자들의 태도에서 플라톤을 이해할 수 있는 다양한 참조점들을 발견할 수 있다. "내 생각에 플라톤이라면 이러지 않았을까?" 또는 "플라톤의 생각은 틀렸어. 이 점을 수정해 보겠어!" 이런 착상들이 플라톤 연구에 새로운 방향을 제시해 줄 수도 있다.

열셋째 편지와 달리 진본이라는 판단이 압도적인 작품이 일곱째 편지이다. 이 편지에는 플라톤이 청년 시절 품었던 정치의 꿈을 접고 방랑의 길을 떠나게 된 당시의 아테네 정세와 노년에 이르러 시칠리아섬에 위치한 시라쿠사의 정치에 깊숙이 관여하게 된 내력이 비교적 자세히 설명되고 있다. 플라톤은 현실 정치로부터 일정한 거리를 두고 철학적 담론에만 몰두한 이론가가 아니다. 그는 환갑이 가까운 나이에 정치 실험을 위해 시라쿠사로 가는 배에 몸을 실었다.

실로 나는 이러한 생각과 용기를 가지고 집을 나섰던 것입니다. 일부 사람들이 생각했던 그런 이유에서가 아니라, 오히려 무엇보다도 나 자신이 보기에 언젠가 내가 그저 말만 하고 결코 자발적으로 하는 행동은 하나도 없는 사람으로 비쳐지진 않을까 부끄러웠고, 또 한편 디온이 실제로 적지 않은 위험에 처해 있을 때 무엇보다도 그와의 우정과 동지애를 배반하는 일을 저지르는 자로 비쳐지진 않을까 두려워하는 마음에서 말입니다. 「일곱째 편지」 328d; 『편지들』, 93쪽.

펠로폰네소스전쟁의 막바지, 아테네에서는 스파르타의 사주 아래 정변이 일어나 30인의 과두정이 수립되지만 민주파의 반격으로 다시 민주정이 회복된다. 이 과정에서 양측의 정치보복으로 많은 사람들이 죽음을 맞았다. 이때 소크라테스의 재판도 열려 사형을 선고받았다. 정치적 격변을 겪으며 플라톤은 철학하는 사람들이 정치를 주도하거나 권력자들이 철학을 하기 전에는 정치적 재앙이 끊이지 않을 거라는 강한 회의감을 느꼈다. 정치에 환멸을 느끼고 떠난 여행길에서 플라톤이 만난 사람 중 시라쿠사의 귀족청년 디온이 있었다. 디온은 명민함과 열정으로 플라톤과 대화했고 쾌락이나 방종보다는 철학하는 삶을 동경했다. 두 사람의 짧은 만남은 20여 년 후 다시 이어졌다. 중년의 디온이 노년의 플라톤에게 연락을 해왔다. 하루 빨리 시라쿠사로 와서 새 군주 디오니시오스 2세를 철인왕으로 학습시켜 달라는 제안이었다. 플라톤은 약간 망설였다. 무엇이 그를 망설이게 했을까?

## 두 번의 여행, 불안과 의심 사이

플라톤은 청년의 욕구란 얼마나 쉽게 끓고 식어 버리는지 잘 알고 있었기 때문에 기대보다는 불안한 마음이 더 컸다. 그 청년이 군주라면 그의 욕구의 방향을 바꾸는 일은 더 어렵다. 플라톤이 시라쿠사에 가서 보니 파벌싸움이 일어나 디온은 중상모략을 당하는 위험한 상황에 놓여 있었다. 그리고 4개월 후, 디온은 군주에 대한 모반을 꾀했다는 죄목으로 불명예스럽게 추방당했다. 플라톤은 빨리 아테네로 돌아오고 싶었지만 주위의 평판을 의식한 디오니시오스 2세의 억류로 좀 더 시라쿠사에 머물러야 했다. 새로운 군주 디오니시오스 2세에게도 플라톤의 명성이 자신에게 유리하게 작용한다는 계산이 서 있었기 때문이다.

플라톤이 보기에 디오니시오스 2세는 능력이 부족하지 않았다. 그러나 그는 자신이 디온보다 더 나은지, 플라톤이 자신을 디온보다 더 각별하게 대해 주는지 등 철학 이외의 것들에 더 관심이 많았다. 그러느라 정작 플라톤과의 철학 수업이나 대화에는 소극적이었다. 뿐만 아니라 젊은 군주의 생활은 절제가 쉽지 않았다. 산해진미가 가득한 시라쿠사식 식탁으로 대변되는 사치와 낭비에서 벗어나는 생활 습관을 몸에 익히는 일은 많은 시간이 걸리는 과업이었다. 추방당한 디온에 대한 처우를 비롯해 자꾸 말을 바꾸는 디오니시오스 2세에게 조언하는 일이 무의미하다고 판단한 플라톤은 표표히 아테네로 돌아왔다.

병들고 건강에 나쁜 생활 방식을 영위하는 자들에게 조언하려는 사람은 무엇보다도 우선 그들의 생활을 바꿔 놓아야 합니다. 그리고 그가 말을 따르고자 할 경우 비로소 그 밖의 것도 권해야 합니다. 그러나 그가 말을 들으려 하지 않는다면 그러한 조언을 접고 물러서는 것이 남자답고 의사다운 사람이라고 나는 생각합니다.「일곱째 편지」330d; 『편지들』, 93쪽

플라톤은 한 번 더 시라쿠사로 건너갔다. 이번에는 디오니시오스 2세의 초빙에 의해서였다. 소문에 의하면 디오니시오스 2세가 플라톤과 함께 공부한 철학적 내용을 책으로 출판하였을 뿐만 아니라 시칠리아 지역에서는 디오니시오스 2세의 철학에 대한 명성이 자자하다는 것이었다. 이건 또 무슨 말인가? 플라톤은 한편으로는 의심스럽고 한편으로는 궁금했다.

적어도 내 의견에 따르면 이들은 그 주제에 대해서 전혀 정통할 수 없다는 것입니다. 그것들에 대한 나의 저술은 있지도 않고 결코 나오지도 않을 겁니다. 왜냐하면 그것은 다른 학문들처럼 결코 말로 옮길 수 있는 것이 아니라, 주제 자체와 관련하여 이루어진 오랜 교유와 공동생활로부터, 예컨대 튀는 불꽃에서 댕겨진 불빛처럼 갑자기 혼 안에 생겨나서 비로소 자기 자신을 스스로 길러 내기 때문입니다.「일곱째 편지」341d; 『편지들』, 111쪽.

이 부분은 약간의 혼란을 가져온다. 저작을 남기지 않은 소크라테스와 달리 플라톤은 꽤 많은 저작을 쓰고 남겼다. 그런데도 자신이 정말 마음에 두고 있는 주제들은 말로 옮길 수 없는 것들이라니, 이것을 어떻게 이해해야 할까? 여기서 주목해 보아야 할 것은 철학적 교유는 말로 전달되고 습득되는 것이 아니라 공동생활 속, 불꽃 튀는 마주침에서 일어난다는 점이다. 플라톤의 대화편은 이 과정에서 도구와 교재로 쓰일 수 있겠지만, 그것의 학습이 철학의 본령은 아니라는 의미이다.

우리가 알고 있는 고대 철학자들은 대부분 학파에 속한 사람들이다. 피타고라스학파를 비롯해 플라톤의 아카데메이아, 아리스토텔레스의 리케이온, 헬레니즘 시대의 에피쿠로스학파와 스토아학파, 그리고 동양의 공자와 그 제자들까지, 철학은 학파의 철학이고 무리의 철학이었다. 어쩌면 철학은 뜻이 맞는 사람들의 공동생활을 말하는 것일지도 모른다. 철학은 결코 고독하게 고립되어 단독적으로 이루어지지 않는다. 플라톤과 디온의 짧은 만남에서도 불꽃 튀는 교감의 순간이 있었고 그 우정을 플라톤은 소중히 생각했다.

그런데 플라톤과 디오니시오스 2세 사이에는 이러한 교류와 우정이 없었다. 이 점이 플라톤이 소문에 대해 의심을 품을 수밖에 없는 근거였다. 두번째 여행에서 플라톤은 자신의 합리적 의심을 확인하고 다시 표표히 돌아왔다. 이번에는 쉽게 보내 주지 않으려는 디오니시오스 2세의 횡포로 노예가 될 뻔한 수모를 겪으며 천신만고 끝에 노구를 이끌고 아카데메이아로 귀환했다. 이번에도 플라톤을 초대한 디오니시오스 2세의 의도는 철학적 명성에 대한 허영심이었다. 반면에 플라톤은 희박하나마 철인왕의 가능성에 대한 기대를 품고 있었다고 본다. 플라톤은 불안하고 의심스럽지만, 어쩌면 정말 일어날지도 모를 희박한 가능성에 자신의 노년을 베팅했다. 그리고 판돈에 연연하지 않고 빈손으로 돌아왔다. 나는 이 짠한 장면에서 '거인'(巨人)의 품격과 쓸쓸함을 느낀다. 자신의 철학적 신념이 비현실적이라는 평가를 받고 그에 따르는 구설수에 시달릴지라도 철회할 때를 아는 것과 그것을 실행에 옮기는 것, 그것은 쉽지 않은 선택이다.

## 『국가』와 함께 일곱째 편지를, 일상생활의 철학

『국가』가 철인정치의 이론편이라면 일곱째 편지는 실전편이다. 『국가』가 철인정치의 가능성과 그것을 구현할 수 있는 구체적인 방법론을 보여 주는 매뉴얼이라면, 일곱째 편지는 철인왕 프로젝트의 실패 보고서이다. '플라톤-디온-디오니시오스 2세' 세 명의 실험자들은 철인정치는 '이상'에 불과하다는 세간의 평판을 바꾸기 위한 실전에 돌입했다. 이들의 도전은 너무 쉽게 현실의 벽에 부딪쳐 무모한 도전이 되었다. 정세라는 것은 군주가 기세를 장악하지 못하면 정쟁(廷爭)의 장이 되고 만다. 파벌싸움에서 디온의 야심찬 개혁 의지는 군주의 자리를 노리는 위협으로 전략했다. 철인왕이 없다면 양성하겠다는 플라톤의 적극적인 개입에도 불구하고 그 진심이 군주에게 전달되지 못했다. 일곱째 편지는 이 뼈아픈 실패의 과정을 담담히 기록하고 있다. 이상국가가 아니라면 철인왕이 등용될 수 없고, 철인왕이 등용되지 못하면 이상국가가 수립될 수 없는 플라톤의 아포리아를 시라쿠사의 정치는 '리얼 다큐'로 보여 준다.

그러나 우리가 일곱째 편지에서 읽어야 하는 것은 실패에 대한 후일담이 아니라 플라톤의 철학에 대한 당부의 말이다.

나는 디온과 디오니쉬오스에게도 그런 방식으로 조언을 하였습니다. 우선은 최대한 어떻게든 스스로가 자신의 주인이 될 수 있도록, 그리하여 믿을 만한 친구와 동지들을 얻을 수 있도록 일상의 삶을 살도록 조언했던 것입니다. 「일곱째 편지」 331e; 「편지들』, 95쪽.

피에르 아도는 그의 책에서 고대에는 생활과 동떨어진 철학의 실천이란 있을 수 없었고, "고대의 철학적 삶은 타인에 대한 관심과 긴밀하게 연계되어 있었다"피에르 아도, 『고대 철학이란 무엇인가』, 이세진 옮김, 열린책들, 2017, 373쪽.고 밝히고 있다. 우리는 『국가』 9권에서 우정 없이 지성과 자유를 가질 수 없는 폭군의 열악한 조건을 확인한 바 있다. 결국 철학이란 가치 있다고 생각되는 생활양식의 선택과 그것의 실천이라고 말할 수 있다. 그리고 그러한 선택과 결정이 개인의 결단이 아니라 함께 생활하는 친구들과의 우정에 의해서 이루어져야 한다는 것이다. 이것이 소크라테스의 대화의 윤리학이고 플라톤이 체계화하고자 했던 철학의 정수이다. 일곱째 편지는 『국가』 전체를 꿰뚫고 있는 '영혼의 돌봄'이라는 주제를 플라톤의 목소리로 담백하게 들려준다.

철학을 이르는 그리스어 '필로소피아'(philosophia)는 소피아에 대한 사랑을 말한다. 피에르 아도는 고대 그리스에서 소피아는 단지 지혜가 아니라 "타인과 더불어 살며 처신하는 능숙함, 술책이나 시치미를 떼는 수작까지 포함할 정도의 능수능란함을 가리키기도 한다"피에르 아도, 『고대 철학이란 무엇인가』, 30쪽.고 지적하고 있다. 소피아는 지혜뿐 아니라 보다 풍부하고 다양한 삶의 기술을 포함하고 있다는 말이다. 이것은 고대사회에만 한정된 의미가 아닐 것이다. TV 프로그램 〈생활의 달인〉을 보면 자신이 하고 있는 일에 열정을 다해 기술을 숙련하고 자신이 개발한 공정과 절차를 고집스럽게 지켜 가는 출연자들의 모습에 감동을 받게 된다. 이것은 기술뿐 아니라 사람들과의 관계에서도 동일하게 적용되어야 할 것이다. 예의와 염치라는 개념을 포함해 생활의 기술을 단련하고 공동생활의 우정을 지켜 나가는 일, 이것이 철학이고 철학자의 일이다.

일곱째 편지의 수신인은 디온의 친구들이다. 정적에게 매수된 동료에 의해 디온이 살해된 뒤에 디온의 친구들은 플라톤에게 편지를 보냈다. 디온 없이 살아가야 하는 자신들에게 조언을 해 달라는 부탁이었다. 플라톤은 디온과 디오니시오스 2세에게 전해 주었던 조언을 그들에게 다시 반복해서 들려준다. 그러나 플라톤의 당부는 주크박스처럼 되풀이되는 반복이 아니다. 그것은 디온의 친구들이 놓인 상황에 따라 다르게 적용되고 변주되어야 하는 반복이다. 그것은 분명 일상생활에서 출발하고 끝을 맺어야 할 것이다.

# 14

## 에필로그

— 너 자신을 알라, 우리는 모두 알키비아데스이다

## '너 자신을 알라', 델피 신전의 가르침

플라톤에게 디온이 있었다면, 소크라테스에게는 알키비아데스가 있었다. 플라톤이 시라쿠사의 귀족청년 디온에게서 '철인왕'의 가능성을 엿봤다면, 소크라테스는 아테네의 꽃미남 알키비아데스에게서 '자기배려'의 필요성을 읽어 냈다. 알키비아데스는 잘생겼고 자신만만했고 사치스러웠다. 또 무모한 야심가였다. "하지만 소크라테스는 그를 비난하지 않았다. 소크라테스는 그에게 매혹되었다. 알키비아데스는 소크라테스가 벗 삼아 지내려 했던 도시 아테네 자체였다." 베터니 휴즈, 『아테네의 변명』, 강경이 옮김, 옥당, 2012, 408쪽.

페르시아전쟁의 승리 이후 급부상하게 된 아테네는 청년 알키비아데스처럼 의욕적이었고 주변국들의 시기와 질투의 대상이 되었다. 야심만만한 청년들이 흔히 하는 실수처럼 아테네는 신중하기보다는 조심성이 없었고 과시욕이 넘쳤다. 소크라테스는 미성숙한 청년 같은 도시 아테네를 사랑했고, 아테네의 청년들에게 애정을 느꼈다.

아테네의 '대표 청년'이라고도 할 수 있는 알키비아데스와 소크라테스의 친분을 알 수 있는 대화편으로 『향연』과 『알키비아데스 I』이 있다. 『향연』플라톤, 『소크라테스의 변론/크리톤/파이돈/향연』, 천병희 옮김, 숲, 2012.에는 두 사람이 전쟁 중 한 막사에서 지냈고 위기에 처한 알키비아데스의 목숨을 소크라테스가 구해 주었다는 일화가 소개되어 있다. 알키비아데스는 소크라테스를 '아토포스'(atopos), 즉 '이상한 분'이라고 평가한다. 얼음밭에 맨발로 오랫동안 서 있을 정도로 강인한 체력의 소유자이고 알아듣기 힘든 말을 하는 사람으로, 자신이 지금껏 겪어 보지 못한 어른이라는 것이다. '아토포스'는 그리스어로 '어떤 장소에 고정되지 않는 것, 정체를 알 수 없는 것'의 의미를 지닌다. 무엇인지 식별하기 힘들기 때문에 '낯설다'는 의미와 기존의 인식체계를 '교란시킨다'는 의미로도 해석될 수 있다. 소크라테스는 알키비아데스를 교란시키고자 했다. 바로 우리가 잘 알고 있는 '너 자신을 알라'라는 델피 신전의 금언으로, 소크라테스는 아름다운 청년 알키비아데스를 경솔함과 야심으로 가득 찬 생활로부터 벗어나게 하려 했다. 이 과정을 담고 있는 대화편이 바로 『알키비아데스 I』플라톤, 『알키비아데스 I·II』, 김주일·정준영 옮김, 이제이북스, 2014.이다.

알키비아데스는 아테네에서 명망 있는 가문의 자손이었으며 시민들의 압도적인 지지를 받고 있는 정치가 페리클레스가 그의 후견인이었다. 당대 우수한 청년들처럼 알키비아데스도 정치가 지망생이었다. 『알키비아데스 I』에서 소크라테스는 알키비아데스에게 앞으로 하려는 정치가 무엇인지 질문한다. 나랏일은 무엇이고, 정의와 정의롭지 못한 일은 무엇이며, 이러한 것을 누구에게 배웠는지 등등 알키비아데스가 정치가로서의 자격을 갖추고 있는지를 캐묻는다. 물정 모르는 청년은 매사에 의욕적이기 때문에 '무한 긍정'의 자세로 답한다. 자신은 그런 것을 배워서 정치하는 사람을 아테네에서 보지 못했으며, 그런 '뻔한' 것들에는 아무도 관심이 없다고. '그까이꺼' 뭐 대충 잘할 수 있다고 호언장담한다. 이때 소크라테스는 '등짝스매싱'을 날린다. 알키비아데스의 경쟁자는 자격 없는 아테네의 정치가들이 아니라 뛰어난 양육 방식과 교육 방식을 갖춘 스파르타의 장군과 페르시아의 왕이라는 사실을 모른단 말인가?

소크라테스: 속 편한 친구, 나랏일에 나서기 위해서 배워야 할 것들을 먼저 배우고 익히되, 그러기 전에는 나서지 말게. 끔찍한 꼴을 겪지 않으려면 해독제를 가지고 나서야 하니 말이야. 플라톤, 「알키비아데스 I」 132b; 『알키비아데스 I·II』, 109쪽.

소크라테스의 질문이 반복되면서 알키비아데스의 대답은

'기-승-전-결'이 있는 변화를 보여 준다. 처음에는 '근거 없는 자신감'으로 대답했다면, 차츰 자기가 무슨 말을 하고 있는지 모르겠다며 혼란을 호소하고, 자신이 무지한 상태로 아무 말이나 지껄인 것 같아 부끄럽다고 고백한다. 그리고 마지막에는 "이제부터 저는 정의를 돌보기 시작할 것입니다"「알키비아데스」135e라며 자기를 돌보는 삶을 실천하겠다는 결심을 보여 준다.

그러나 실제 역사 속에서 알키비아데스가 걸어간 길은 자기를 돌보는 삶이 아니라 정치적 추문으로 얼룩진 불명예스러운 삶이었다. 28년간 지속된 펠로폰네소스전쟁 기간 동안 아테네가 위기를 겪을 때마다 알키비아데스는 아테네 시민들로부터 기대와 지지를 한몸에 받았다. 그러나 결과는 참담했다. 기대와 달리 알키비아데스는 정의롭지 못한 권모술수를 일삼았고 위급할 때는 적국인 스파르타와 페르시아로 투항하기를 주저하지 않았다. 결국 알키비아데스는 펠로폰네소스전쟁의 막바지, 자객에 의해 목숨을 잃었다. 알키비아데스의 때 이른 죽음과 도시 아테네의 갑작스런 몰락은 서로 닮아 있었다. 소크라테스가 사랑한 두 청년은 델피 신전에 새겨진 가르침대로 성장하지 못했다.

## 인간의 본성에 대하여, 자기 인식과 자기배려

플라톤의 대화편에는 '우정에 대하여' '용기에 대하여' '절제에 대하여'와 같은 부제가 붙어 있다. 『국가』의 부제는 '정의에 대하여'이다. 『알키비아데스 I』에는 '인간의 본성에 대하여'라는 부제가 달려 있다. 플라톤이 대화편 『알키비아데스 I』을 썼을 때는 이미 알키비아데스의 몰락이 기정사실화된 다음이었다. 왜 플라톤은 실패의 아이콘이 된 알키비아데스를 내세워 자기 인식과 자기배려의 필요성을 강조하려 했을까? 소크라테스가 알키비아데스에게서 청년의 미성숙을 읽어 냈던 것처럼, 플라톤은 알키비아데스에게서 무지와 실패를 일삼는 인간의 '보편적 조건'을 추론해 낸 것은 아닐까?

1980년대 초에 진행되었던 미셸 푸코(Michel Foucault)의 '콜레주 드 프랑스'(Collège de France)* 강의는 인간의 보편적 문제라는 관점에서 『알키비아데스 I』을 파고든다.미셸 푸코, 『주체의 해석학』, 심세광 옮김, 동문선, 2007. 푸코에 따르면 고대의 사유에서는 '너 자

---

* 프랑스의 국립 고등 교육 기관. 1530년 프랑수아 1세가 인문적 교양 진흥을 위하여 파리에 창설하여 르네상스의 새로운 학문을 가르쳤으며, 세계적으로 유명한 학자들의 강의를 모든 사람에게 무료로 개방한다.

신을 알라'는 '너 자신을 돌보라'는 말과 다르지 않았다. 약간의 의미 차이를 갖지만, 둘은 분리되지 않고 서로 연결되는 구조를 갖고 있었다.미셸 푸코, 『주체의 해석학』, 101~115쪽.[*] '너 자신을 알라'는 '너 자신을 돌보라'는 전제조건 속에서만 가능하다. 자신의 삶을 돌보려는 실천 속에서 외부로부터 자기 자신에게로 시선을 돌리는 '전향'(轉向)이 일어난다. 정치가가 되는 수련을 받기로 마음먹은 알키비아데스가 비로소 자기 자신의 상태를 살펴보기 시작한 것처럼, 인간은 어떤 계기에 의해 자신을 돌아보게 된다. 그리고 스스로도 놀라울 만큼 자신의 '무지'를 발견한 순간, 자기를 돌보는 실천이 비로소 시작된다. 알키비아데스가 자기를 돌보는 '자기 배려'의 필요성을 느낀 순간은 정치에 입문하기로 결정한 때가 아니라, 자신이 아는 바가 전혀 없다는 '자기 인식'에 이른 때였다. 인간은 모종의 대가를 치러야 자신이 원하는 '자기'가 될 수 있다. 그 대가를 치르는 과정이 자기배려의 실천이다.

푸코는 강의에서 고대에는 '듣기, 말하기, 독서, 글쓰기, 명상, 산책, 의식 점검, 자기 통제' 등의 방법이 자기배려의 기술로 널리 사용되고 있었음을 증명하고 있다. 푸코의 이러한 역사적

---

[*] 푸코는 '1982년 1월 13일 강의 후반부'에서 자기 인식과 자기배려의 상호 호출과 착종관계를 다루고 있다.

추적은 근대 이후로 자기 인식과 자기배려가 분리되어 버렸다는 문제의식에서 비롯되었다. 오늘날 우리는 자기배려의 실천과는 동떨어진 방식으로 자기 인식을 시도한다. '인성·적성·자아정체성'이라는 명목으로 검사와 상담이 이루어진다. 그리고 다른 한편으로는 자기 성찰이 빠진 '자기 관리'가 성행하고 있다. 스스로의 무지를 깨닫는 각성의 순간 없이, '헬스·힐링·대인관계' 전문가들의 컨설팅과 매니지먼트를 받는다. 우리는 알키비아데스보다 더 취약한 조건 속에 놓여 있다. 대가를 치르는 고통 없이 서비스 상품을 소비하는 우리에게는 고대인들과 같은 자기배려의 기술이 부재하다. 우리는 자신의 무지를 깨달을 수 있는 기회를 점점 잃어 가고 있다.

> 자신의 삶을 테크네의 대상으로 삼는 것, 결과적으로 자신의 삶을 작품으로 만드는 작업은 테크네를 사용하는 사람의 자유와 선택을 필연적으로 전제합니다. (중략) 아름다운 작품을 만들기 위한 목적, 욕망, 의지에 따라 테크네를 이용할 수 있는 주체의 자유가 존재하지 않는다면 생의 완성은 존재하지 않을 겁니다. 미셸 푸코, '콜레주 드 프랑스' 1982년 3월 17일 강의 중에서, 『주체의 해석학』, 449쪽.

## 연극 <맨 끝줄 소년>, 또 다른 소크라테스와 알키비아데스

고등학교 문학교사 헤르만과 매주 글쓰기 과제를 제출하는 학생 클라우디오의 '쓰기와 읽기의 서스펜스'를 다루고 있는 연극 〈맨 끝줄 소년〉*에서도 소크라테스와 알키비아데스 같은 스승과 제자의 관계를 발견할 수 있다. 문장의 기본도 갖추지 못한 학생들의 글쓰기에 권태를 느끼고 있던 헤르만에게 이제껏 보지 못한 필력을 보여 주는 학생 클라우디오가 눈에 들어온다. 클라우디오는 말없이 맨 끝줄에 앉아 있는 학생으로, 매사에 무기력하고 무관심해 보인다. 그런 그에게 글쓰기는 무언가를 관찰하고 그것을 쓰는 것에 대한 흥미를 불러일으킨다. 헤르만은 학생에게 어떻게 하면 독자를 설득할 수 있는지, 어떻게 하면 사실보다 더 그럴듯하게 쓸 수 있는지 가르치려고 애쓴다. 그러면서 점점 학생의 글에 매혹되고 글에 담긴 다른 가족의 모습을 은밀히 훔쳐보는 일에도 빠져든다.

〈맨 끝줄 소년〉에서는 수업을 통해 교란되는 사람이 학생

---

* 연극 〈맨 끝줄 소년〉은 스페인 작가 후안 마요르가(Juan Mayorga)의 2006년 작품으로 국내에서는 2015년 초연되어 호평받은 바 있다. 이후 2017년, 2019년에 재연되었다. 영화 〈인 더 하우스〉(프랑수아 오종 감독, 2012)의 원작이기도 하다.

클라우디오가 아니라 문학교사 헤르만이다. 헤르만은 클라우디오가 남의 가족을 엿보고 그것을 글로 쓰는 행위에 대해 소설은 허구이기 때문에 윤리적으로 문제가 없다고 생각한다. 그러나 자신의 가족이 클라우디오의 관찰과 글쓰기의 대상이 되자 당혹스러움과 불편함을 견디지 못한다. 글쓰기에는 사실과 허구의 경계를 넘나드는 침범이 일어나고 이 문제에 대해 사려 깊게 고민할 때 글쓰기는 예술이 된다. 그렇지 못하다면 그것은 천박한 관음증에 불과하다. 클라우디오와의 만남으로 헤르만의 생각과 생활에 균열이 일어난다. 현실보다 예술이 아름답기 때문에 예술이라는 방주로 도피한 헤르만의 열정에도 그가 숙고하지 못한 '무지'가 자리 잡고 있었다.

이 연극이 나에게 의미심장하게 다가왔던 이유는 내가 대학에서 학생들에게 글쓰기 과목을 가르치는 강사이기 때문이다. 수업은 기본적으로 강사와 학생 사이 지식의 위계와 비대칭성을 전제로 한다. 강사는 학생보다 지식이 많은 사람으로 가정되기 때문에 학생들의 글을 평가하고 잘못된 부분을 고쳐 줄 수 있다. 물론 나는 학생들보다 나이도 많고 글쓰기의 경험도 많다. 그렇다고 내가 학생들보다 글을 잘 쓰는 사람이라고 말할 수 있을까? 나는 수업에서 자주 나의 무지를 발견한다. 실수하기 쉬운

띄어쓰기와 맞춤법을 비롯해서, 요즘 학생들의 감성을 따라가지 못하는 감수성의 한계를 느낄 때 그러하다. "아! 어떻게 글을 이렇게 쓸 수 있지?" 이 말은 감탄으로도, 당혹감으로도, 분노로도 발화될 수 있다. 아마도 나의 평가 기준을 넘어서는 글들을 만날 때 이런 감탄사를 남발하게 되는 것 같다. 기쁨보다는 짜증과 화가 치밀어 내뱉은 이 말 속에 나의 무지가 있다. 어디까지 학생의 글을 고쳐 주고 그의 인생에 개입해야 하는지 가늠할 수 없을 때, 나는 아포리아에 빠진다.

## <배드 지니어스>에서 <맨 끝줄 소년>까지

이 책 『영혼과 정치와 윤리와 좋은 삶』은 〈배드 지니어스〉의 천재소녀 린의 무지와 아포리아로 시작해서 〈맨 끝줄 소년〉의 문학교사 헤르만의 무지와 아포리아로 끝을 맺는다. 나를 비롯해서 우리 모두는 이 두 사람과 비슷한 무지와 혼돈 속에 살아가고 있다. 각자의 동굴에서 만들어진 편견과 환상에 휘둘려 살아가기 때문이다. 어떻게 동굴 밖으로 나갈 수 있을까? "선한 삶과 악한 삶을 구별하여 가능한 모든 삶 중에서 언제 어디서나 더 선한 삶을 선택할 수 있는 능력과 지식을 줄 수 있는"『국가』 10권 618c; 『국가』

586쪽. 밝은 눈이 필요하다. 이렇게 눈을 밝히고 그 빛으로 마음을 비추는 일을 플라톤은 '영혼의 돌봄'이라고 불렀다. 각자의 영혼을 돌보는 일이 자기 인식이며 자기배려이다. 이러한 자기 인식과 자기배려는 저절로 되지 않는다. 배움과 단련을 거쳐 몸에 새겨지는 기술이 되어야 한다.

그리고 이러한 기술은 홀로 익힐 수 없다. 소크라테스와 플라톤 사이에 오고간 눈빛과, 플라톤과 디온 사이에서 일어났던 불꽃이 튀는 교감이 있어야 가능하다. 소크라테스가 알키비아데스의 마음속에 당기려 했던 불씨는 불발되었지만, 자기배려는 타인의 삶에 대한 관심과 긴밀하게 연관되어 있다. 여기에 플라톤의 아포리아가 있다. 철학과 윤리와 정치는 함께 가지 않으면 엇박자가 나는데, 이 셋이 함께 가는 길은 '이인삼각경기'처럼 쉽지 않다. 아니 그보다 훨씬 어렵다. '이상국가', '좋음의 이데아', '영혼 불멸'처럼 다소 부담스러운 개념들은 플라톤이 자신의 아포리아를 해결하기 위해 고안한 고육지책이다.

나는 소크라테스와 플라톤의 문제의식이 오늘날에도 여전히 유효하다고 생각한다. 아니, 그들의 시대보다 지금 더 절실히 필요하다고 생각한다. 계산하기 어려운 금융파생상품들과 청년들을 죽음에 이르게 하는 사이버불링, 자고 나면 몇 억씩 뛰는 서울 시내 아파트값 등등 몸과 마음이 피폐해지는 뉴스들이 너무 많다. 연금과 보험이 '험한 세상의 다리'가 되어 줄 수 있을까? 얼마의 연금과 보험금이라야 안심할 수 있을까? 이 어려운 계산을 하느라 우리는 바빠지고 다른 사람에게 관심을 기울일 마음의 여유를 가질 수 없다. 혼밥, 혼술, 혼영을 즐기는 우리의 생각은 '일인분'을 넘어서기 힘들다. 우리는 대부분 자신만이 거주하는 '일인국'의 수장들이다.

소크라테스는 아테네 시민들에게 말을 걸어 '일인국'의 빗장을 열려고 했다. 함께 무지를 확인하고 함께 공동탐구에 이르는 대화는 고립되고 단절된 개인의 경계를 허문다. 대화는 단수가 아니라 복수라야 가능하다. 복수의 경제와 정치와 윤리를 고민해야 한다. 해서 영혼을 돌보는 대화는 돈만이 아니라 다른 가치와 명예를 생각하고 상상하게 만든다. 고금리대출상품에 대한 설계가 아니라 사람들로 하여금 훌륭함에 마음을 쓰도록 하는 법『국가』 8권 556b을 모색하게 한다. 이게 그렇게 비현실적이고 비상식적인 일일까? 그렇다면 나는 비현실과 비상식을 선택하겠다. 예상 밖으로 비현실과 비상식을 선택하는 사람들이 있다. 이 친구들과 함께 '우정과 지성과 자유'의 춤을 추자. 소크라테스와 플라톤 그리고 또 당신, 우리는 팀이다. 자기배려의 기술은 팀워크의 철학이다.

나를 당황하게 만드는 일상 속 질문들에 대해 플라톤의 개념을 가지고 답을 해보려 했지만, 답하지 못한 질문들이 더 많다. 철학을 백수들의 공허한 논리라고 업신여기는 칼리클레스의 조롱에 대해 지금도 확실하게 반박하지 못하겠다. 그리고 정말 가슴이 답답한 질문들에 대해서는 언급조차 하지 못했다. 이 책에 소개된 질문들은 나름대로 정리가 된 문제들이라 지면에 올릴 수 있었다. 공부를 할수록 무지와 답답함이 늘어 간다. 그래도 그 막막함을 줄이는 길은 공부밖에 없다고 생각한다. 나에게 질문을 던지는 친구들과 함께 그 길을 계속 가 보려 한다.

# 함께 읽으면 좋은 책들

『**아테네의 변명**』(베터니 휴즈, 강경이 옮김, 옥당, 2012년)
영국의 역사학자이자 다큐멘터리 제작자인 베터니 휴즈는 이 책에서 소크라테스에게 사형 선고를 내린 기원전 5세기 아테네의 사정과 모습을 다각도로 재구성해서 보여 주고 있다. 집필 당시 새천년을 기점으로 한 지하철 확장공사와 2004년 아테네올림픽을 대비한 도시 정비가 진행되면서 아테네에서는 많은 유물들이 새로이 발굴되었다고 한다. 베터니 휴즈는 새롭게 발굴된 유물들과 고전 문헌들을 오가며 최대한 구체적으로 기원전 5세기의 아테네와 소크라테스라는 인물에 접근하고 있다. '아테네 외곽에 살던 소크라테스가 아고라까지 걸어가는 동안에 무엇을 보았을까?', '아고라에서는 무엇이 유행했을까?' 등 디테일한 질문들이 살아 있는 이 책을 읽다 보면 당대인들의 삶이 생생하게 눈앞에 그려지는 듯하다. 그런 점에서 『아테네의 변명』은 고대 그리스의 철학을 공부하기로 마음먹은 사람들에게 추천하는 '0순위' 입문서이다.

『**플라톤의 국가론 강의**』(R. L. 네틀쉽, 김안중·홍윤경 옮김, 교육과학사, 2010년)
이 책의 저자인 네틀쉽은 옥스퍼드 발리올 대학(Balliol College)에서 23년간 철학을 가르쳤던 교수이다. 그는 46세의 젊은 나이에 안타깝게 세상을 뜨게 되는데, 이 책은 사후 5년인 1897년 『네틀쉽의 철학 강의록과 유고집』의 제2

권으로 출간되었다. 이 책은 문외한이라도 플라톤의 이론을 쉽게 이해할 수 있도록 『국가』의 한 구절 한 구절에 관한 풍부한 설명을 제시하고 있다. 특히 교육학적 관점에서 플라톤의 교육이론과 교육적 처방을 심도 있게 설명해 주는 해설서이다. 때문에 플라톤의 『국가』와 네틀쉽의 이 책을 함께 읽어 나간다면, 오독(誤讀)의 두려움 없이 『국가』를 완독(玩讀)할 수 있다.

### 『플라톤 서설』(에릭 A. 해블록, 이명훈 옮김, 글항아리, 2011년)

이 책은 미디어론의 관점에서 플라톤 사상을 해명하고 있는 독특한 저작이다. 플라톤이 살았던 기원전 5세기에서 4세기의 그리스는 의사소통 기술의 변화로 야기된 문화혁명의 시대를 맞이하고 있었다. 구술문화에서 문자문화로의 전환이 이루어지던 시기, 플라톤은 종래의 구술문화가 만들어 온 인간의 사고 방식과 교육 방법을 새로운 문자문화에 맞게 개혁하고자 했다. 아날로그에서 디지털로 전환되고 있는 오늘날, 미디어와 커뮤니케이션 그리고 철학을 횡단하는 시론적(試論的) 논의들이 필요하다고 생각된다. 이 책이 생산적 논의의 마중물이 되기를 기대해 본다.

### 『플라톤: 서양철학의 기원과 토대』(남경희, 아카넷, 2013년)

이 책은 윤리학, 정신론, 인식론, 존재론, 정치철학, 우주론 등 플라톤 철학의 다양한 면모를 다루고 있는 해설서이다. 『국가』는 물론 『향연』, 『파이돈』, 『메논』, 『고르기아스』, 『프로타고라스』, 『티마이오스』 등 플라톤의 주요 대화편을 주제별로 종합적으로 해설하고 있다. 특히 저자 남경희는 플라톤을 서양철학의 토대를 정초한 철학자로 자리매김함으로써 서양철학의 기원과 토대를 밝히는 작업에 역점을 두고 있다. 국내 연구자의 저작이라 더욱 애정이 가는 책으로, 더 많은 독자들이 이 책을 통해 플라톤 철학에 대한 기초를 다졌으면 하는 바람이다.

### 『고대 철학이란 무엇인가』(피에르 아도, 이세진 옮김, 열린책들, 2017년)

이 책은 프랑스 '콜레주 드 프랑스' 명예교수 피에르 아도의 저작으로 '철학'에 대한 개념을 갱신하고 있는 화제작이다. 아도에 따르면 고대에 철학은 이론이기 전에 실천이었다. 따라서 고대 철학은 구체적인 행동을 이끌어내기 위한 철학이며 일종의 노하우나 처세술에 대한 고양이라고 할 수 있다. 이러한 측면은 오늘날 우리에게 철학이 아니라 수양에 가깝다고 생각된다. 그런데 플라톤의 아카데메이아, 아리스토텔레스의 리케이온, 에피쿠로스학파, 스토아학파 등 우리에게 잘 알려진 철학자 집단들은 모두 이러한 수양공동체이며 생활공동체였다. 여기서 아도의 문제의식을 발견할 수 있다. 생활과 수양을 떠난 철학적 사유란 얼마나 공허한가? 이러한 문제의식은 고대인들뿐 아니라 우리에게도 유용한 질문이라고 생각한다. 적어도 나에게는 철학을 공부하는 자세를 돌아보게 하는 유의미한 책이었다.

### 『지중해 철학기행』(클라우스 헬트, 이강서 옮김, 호형출판, 2007년)

그리스 여행을 준비하며 한 권의 책을 읽고 싶다면 『지중해 철학기행』을 추천한다. 이 책은 나에게 뛰어난 문장가들인 하루키나 장석주의 그리스 여행기보다 유익하고 인상적이었다. 600페이지가 넘는 두꺼운 분량이지만 쉽게 잘 읽히는 대중적인 교양서이고, 페이지마다 저자의 풍부한 학식과 경험이 빛난다. 나는 이 책의 명성을 알고 있었지만 그리스 여행을 가기 전에는 읽지 못했다. 비행기에서 부랴부랴 책을 읽고 그 다음날 아크로폴리스를 찾아갔을 때, 사진으로 보았던 유적이 눈앞에 그대로 나타나서 당황스럽고 놀라웠다. 그리스 여행을 계획하고 있는 독자분들에게 권하고 싶은 '어메이징한' 경험이다.